U0728664

提升小学语文习作能力的教学方法与实践

刘连叶 著

北京燕山出版社

BEIJING YANSHAN PRESS

图书在版编目（CIP）数据

提升小学语文习作能力的教学方法与实践 / 刘连叶著.
— 北京 ：北京燕山出版社，2024.5
ISBN 978-7-5402-7219-7

Ⅰ．①提… Ⅱ．①刘… Ⅲ．①作文课—教学研究—小
学 Ⅳ．①G623.242

中国国家版本馆 CIP 数据核字(2024)第 045209 号

提升小学语文习作能力的教学方法与实践

著　　者　刘连叶
责任编辑　李　涛
封面设计　刊　易
出版发行　北京燕山出版社有限公司
地　　址　北京市西城区椿树街道琉璃厂西街 20 号
电　　话　010-65240430
邮　　编　100052
印　　刷　明玺印务（廊坊）有限公司
开　　本　710mm×1000mm　1/16
字　　数　100 千字
印　　张　6.75
版　　次　2025 年 3 月第 1 版
印　　次　2025 年 3 月第 1 次印刷
定　　价　80.00 元

前　言

随着社会的不断发展和变化，语文习作能力对于小学生的综合素质培养起着重要的作用。语文习作是培养学生语言表达能力、思维能力和创造力的重要途径，也是评价学生语文水平的重要标准之一。因此，提升小学语文习作能力成为当前语文教学工作的一个重要任务。

本书旨在探讨提升小学语文习作能力的教学方法和实践，通过对现有研究成果的整理和总结，为广大语文教师提供有效的指导和借鉴。本书将从不同角度和层面来探讨小学语文习作能力的重要性、现状、发展特点以及存在的问题和挑战。同时，还将介绍写作选题与构思阶段、写作计划与组织阶段以及写作评价与反馈阶段的教学方法和实践，并探讨学校与家庭合作促进习作能力提升的实践策略。

第一章将重点讨论小学语文习作在综合素质培养中的地位。语文习作不仅仅是学生学习语文知识和技能的手段，更重要的是培养学生的综合素质、提升学生的思维能力和创新意识。同时，我们也将对小学语文习作能力的发展特点和现状进行深入分析，了解目前存在的问题和挑战。

第二章将介绍写作选题与构思阶段的教学方法与实践。我们将强调提供多样化的写作题材与形式，激发学生的创造力与想象力，引导学生进行头脑风暴和构思活动。通过这些教学方法和实践，可以帮助学生选择适合自己的写作题材，并且启发他们在写作过程中发挥自己的创造力和想象力。

第三章将讨论写作计划与组织阶段的教学方法与实践。在这个阶段，我们将教授学生写作结构和篇章组织技巧，培养学生整理思路和编写提纲的能力，并引导学生制订清晰的写作计划和时间安排。通过这些教学方法和实践，可以帮助学生在写作过程中更好地组织思路，提高写作的逻辑性和连贯性。

第四章将探讨写作评价与反馈的教学方法与实践。我们将强调设计多元化的评价方式，给予及时和具体的反馈，帮助学生改进和提高习作质量。同时，也需要培养学生对评价反馈的接受和理解能力，使他们能够积极面对评价结果，并从中获得成长和进步。

最后一章将介绍学校与家庭合作促进习作能力提升的实践策略。我们将强调学校与家庭共同关注语文习作教学，家庭在提升学生写作能力中的作用以及学校与家庭合作的策略与方法。通过学校和家庭的紧密合作，可以共同为学生提供更好的习作教学环境和支持，促进他们写作能力的全面提升。

本书的编写旨在系统地探讨小学语文习作能力的教学方法和实践，希望能够为广大语文教师提供有益的指导和借鉴。同时，也期待本书能够引起更多人对于小学语文习作教育的关注，并且为学校和家庭合作提供一些可行的实践策略。

目　录

第一章　小学语文习作能力的
重要性和现状分析

第一节　小学语文习作在综合素质培养中的地位

　　小学语文习作在综合素质培养中扮演着重要的角色。语文习作是指在语文学习过程中，学生通过写作、作文等方式进行实践和训练，以提高语言表达能力、思维能力和创造能力。下面将从语言能力、思维能力和审美情趣三个方面来探讨小学语文习作在综合素质培养中的地位。

一、语言能力

　　小学语文习作对于培养学生的语言能力至关重要。良好的语言能力是学生进行有效沟通和表达的基础，而语文习作的训练可以帮助学生提高语言表达的准确性和丰富性，使他们学会正确运用词汇、句子结构、修辞手法等语言要素。

　　（一）运用丰富的词汇表达自己的想法

　　通过语文习作，学生可以学会灵活运用丰富的词汇来准确地表达自己的想法。在写作过程中，他们需要仔细选择合适的词汇来描绘事物、表达情感和阐述观点。通过不断的训练，学生的词汇量将得到扩展，并且他们能更准确地选择恰当的词汇来表达自己的意思，使得他们的语言表达更加精准、生动和有力。

　　通过进行各种形式的写作练习，学生可以积极地拓展自己的词汇量。例如，通过多读书籍、文章和优秀的作文范例，学生可以接触到更多的词汇，了解它们的含义并掌握正确的用法。学生还可以参加词汇积累的活动，如背诵和记忆成语、短语和俗语，以便在写作时能够熟练地运用它们。

　　在写作过程中，学生应该努力选择最准确、最具体的词汇来描述事物。通过使用形容词、副词、名词和动词等词汇，学生可以描绘出更生动、更饱满的场景或人物形象。例如，不仅可以使用"美丽"这个形容词来形容一个花园，还可以用"郁郁葱葱""五彩斑斓"等来描述花园的细节，使得读者能够更加形象地感受到其中的美好。

在表达情感和阐述观点时，学生也应该选择恰当的词汇来准确地传达自己的意思。例如，当他们要表达喜爱、悲伤、惊讶或愤怒等情感时，可以使用相应的形容词或动词来增强效果。同时，为了清晰地陈述观点和论证思路，学生需要选择具有逻辑性和说服力的词汇，以使读者能够理解并接受他们的观点。

（二）提高句子结构的运用能力

语文习作对于学生提高句子结构的运用能力也起到了重要的作用。一个句子的结构决定了信息的传达方式和效果。通过语文习作的训练，学生可以学会运用各种句式和句型，灵活地组织句子结构，使得文章更加丰富多样。

在语文习作中，学生可以通过积极的写作练习来学习并掌握不同的句式和句型。他们可以尝试使用简单句、并列句、复合句、状语从句、定语从句等来表达自己的观点和情感。通过不断的实践，他们可以逐渐理解这些句式和句型的特点和用法，并能够有意识地选择合适的句子结构来达到更好的表达效果。

同时，学生还可以通过分析优秀的作品中的句子结构来借鉴别人的写作技巧。阅读优秀的文章，特别是名家之作，可以帮助学生观察和理解作者是如何运用不同的句子结构来增强文章的表达力和吸引力的。通过仔细研究和模仿，学生可以将这些技巧应用到自己的写作中，提升自己的句子结构运用能力。

通过语文习作训练，学生不仅可以提高词汇运用能力，还可以培养灵活运用各种句式和句型的能力。这些能力的提升将使得学生的写作更加丰富多样，具备更高的表达能力和独特的文风。因此，在学习语文的过程中，学生应该积极参与各种写作练习，通过不断地实践和反思来提高自己的句子结构运用水平。

（三）培养学生运用修辞手法

语文习作可以培养学生运用修辞手法的能力，修辞手法在语言表达中起到了增强效果，使文章更加生动有趣的作用。通过语文习作的训练，学生可以使用比喻、夸张、排比等修辞手法，从而提高文章的感染力和说服力。

在语文习作中,学生可以通过积极的写作实践来学习并运用各种修辞手法。比如, 他们可以尝试使用比喻来比拟事物, 使得抽象的概念更具体且形象化; 他们也可以使用夸张手法来放大一些描述, 以引起读者的注意和共鸣; 还可以使用排比来列举事物, 增强表达的连贯性和节奏感。通过不断地练习和尝试, 学生可以逐渐掌握这些修辞手法, 并灵活运用于自己的写作中。

学生还可以通过分析优秀作品中的修辞手法, 进一步加深对修辞手法的理解和运用。阅读经典文学作品或优秀的现代作家的作品, 可以帮助学生发现其中运用的各种修辞手法, 并领悟到它们的运用效果。通过仔细观察和分析, 学生可以借鉴别人的写作技巧, 并尝试将这些修辞手法应用到自己的写作中, 以丰富自己的语言表达方式。

除了提高语言能力, 语文习作还能激发学生对语言的兴趣, 培养他们主动阅读、积累词汇和拓展语言知识的意愿。在写作过程中, 学生不仅需要思考如何表达清楚, 还需要通过广泛阅读来丰富自己的写作素材和提升自己的语感。通过接触各类优秀的文学作品和阅读材料, 学生能够拓宽视野, 了解不同的表达方式和文化背景, 从而提升整体的语文素养。

二、思维能力

小学语文习作有助于培养学生的思维能力。写作是一种思维活动, 要求学生具备逻辑思维、联想能力、归纳总结和批判性思维等多方面的能力。通过语文习作的训练, 学生可以锻炼和提升自己的思维方式, 培养他们分析问题、提出观点、论证立场的能力。

（一）培养学生逻辑思维能力

小学语文习作对学生的逻辑思维能力有着积极的影响。在写作过程中, 学生需要合理组织思路, 将各种观点、事实和论证进行逻辑连接, 这要求他们对问题进行清晰的分析, 并根据逻辑关系展开自己的论述。通过不断的习作训练, 学生可以逐渐提升自己的逻辑思维能力, 使其思考更加清晰、条理更加严密。

小学语文习作可以帮助学生发展思维的逻辑性。写作要求学生通过论述来表达自己的观点, 这就需要他们能够对问题进行逻辑思考, 梳理清楚各个观点之间的关系。在写作的过程中，学生需要整合和归纳信息，将其有机地组织起来，形成一个连贯的结构。这种思维训练可以使学生逐渐培养出逻辑思维的能力，使其在解决问题时能够更加合理和有条理。

小学语文习作也能够锻炼学生的分析能力。在习作中，学生需要仔细分析问题或主题，深入挖掘其中的细节和内涵。他们需要有能力将问题进行拆解，并逐步展开自己的观点和论证。通过这样的训练，学生可以提高自己的分析思维能力，进而在其他学科和实际生活中应用这种能力。

（二）培养学生归纳总结能力

在写作过程中，学生需要整理和概括所学的知识，并将其运用到实际写作中。通过习作的训练，学生可以逐渐培养出归纳总结的能力，使他们能够更好地理解和应用所学的知识。

语文习作要求学生将零散的信息进行整合和归纳。在写作时，学生会遇到各种题材和主题，需要从大量的材料中筛选出关键信息，并将其组织成一个连贯的篇章。这个过程促使学生思考如何将不同的观点和事实有机地联系起来，形成自己的独特见解。通过反复练习，学生可以逐渐提高整合和归纳信息的能力，使其在其他学科和实际生活中也能灵活运用。

语文习作引导学生总结归纳所学知识。通过写作，学生可以回顾和梳理所学的知识点，强化对知识的理解和记忆。他们需要选择并呈现最重要的观点和论证，从而准确地表达自己的意见。这种总结归纳的训练可以帮助学生理清知识的逻辑关系，提升自己对知识的把握和运用能力。

语文习作也培养学生从多个角度思考问题、分析问题的能力。在写作过程中，学生需要思考一个主题或问题的各个方面，并从中提取出共性或规律。他们需要抓住重点，将信息进行归类和总结，在文章中展示自己的观点和论证。通过这样的锻炼，学生可以逐渐培养出全面思考和深入分析问题的能力。

（三）培养学生批判性思维能力

在写作过程中，学生不仅需要表达自己的观点，还需要对各种观点和论证进行审视和评估，并提出自己的见解。这要求学生具备批判性思维能力，能够分析、评价和推理信息，从而形成独立的思考和判断。

在写作时，学生会接触到不同的观点和论证，他们需要学会审视这些观点的可信度、合理性和逻辑性。通过批判性思考，学生可以发现和理解他人观点中的优点和缺陷，提高自己的辨别和挑战能力。

习作促使学生反思和评估自己的观点。在写作过程中，学生需要清楚地表达自己的观点，并为其提供充分的论据和证据。但是，通过与他人的交流和讨论，学生可能会发现自己观点中的漏洞或不足之处。通过习作的实践，学生可以学会反思和评估自己的观点，进而提升自己的思考质量和表达能力。

习作还要求学生运用逻辑和推理来支持自己的观点。在写作过程中，学生需要通过合理的论证和推理来支持自己的观点。这就要求学生具备逻辑思维和推理能力，能够从事实和论据中找出联系和规律，形成有力的论证链条。通过习作的训练，学生可以逐渐培养出逻辑思维和推理能力，使其思考更加清晰、准确和有说服力。

三、审美情趣

除了提高语言水平和思维能力，语文学习更重要的是为了培养学生对美的感受和欣赏能力。通过描写自然景物、讲述故事、表达情感等方式，语文习作可以引导学生体验文字的美感。同时，通过学习优秀的文学作品，学生可以领略到不同文化背景下的美，提升自己的审美素养，并培养对文学艺术的喜爱和追求。

（一）描写自然景物

语文习作通过描写自然景物，对培养学生的审美情趣具有积极影响。学生在写作过程中需要仔细观察和感知周围的自然环境，并将所见所感用文字表达出来。通过选择精确的词汇、生动的形容词和恰当的修辞手法，学生可以创造出富有想象力和感染力的描写，从而提升自己对自然美的欣赏和探索。

在写作时，学生需要仔细观察身边的自然环境，从细微之处捕捉到整体的美感。他们可以观察花草树木的形状、颜色和纹理，感受风吹草动的声音和气息，体验阳光、雨水、雪花等自然元素带来的变化。这样的观察和感知让学生更加敏锐地触发美的感知，激发起他们对自然美的独特感受和关注。

语文习作要求学生用文字准确而生动地描绘自然景物。学生需要选择恰当的词汇和形容词，用丰富多样的语言表达来形容自然景物的美。例如，他们可以用"碧绿的树叶""细腻的花瓣"等来描绘植物的生机盎然，用"清澈见底的溪水""浩渺无垠的星空"等来描述自然界的壮丽景观。这样的写作实践可以让学生通过文字创造出富有想象力和感染力的描写，使读者仿佛置身于真实的自然环境之中。

还可以鼓励学生运用恰当的修辞手法来增强描写的效果。学生可以运用比喻、拟人、排比等修辞手法来使描写更加生动形象。例如，通过比喻手法将阳光比喻为"金色的巨幕"，将花香比喻为"甜美的音符"，使得描写更加富有情感和感染力。同时，学生还可以运用拟人手法，将自然界的事物赋予人的特质和行为，进一步增强描写的艺术表现力。

（二）讲述故事

语文习作通过讲述故事，来培养学生的审美情趣。故事是人类文化的重要组成部分，承载着情感、价值观和思想。学生在写作中通过构思故事情节、描绘人物形象和展示情感变化来表达个人的想法和感受。这样的实践可以培养学生的故事把控能力和展开能力，提升他们对故事结构和人物发展的审美意识。

学生需要在写作中创造出一个完整的故事情节，包括起承转合以及高潮与结局。在构思过程中，学生可以运用想象力和创造力，编织各种精彩纷呈的情节。他们可以设置悬念、冲突和转折点，使故事更加引人入胜，激发读者的好奇心和阅读欲望。通过不断练习和实践，学生可以逐渐提升自己对故事情节设计的把控能力，培养出对故事结构美的独特感受和欣赏。

在故事中，人物是承载情节发展和表达思想的重要角色。学生需要通过描写人物的外貌、性格特点、言行举止等方面，使其栩栩如生、立体感强。学生可以运用细腻的描写和恰当的对话，塑造出鲜活而有血有肉的人物形象。这样的实践可以让学生深入理解人物的多面性和复杂性，从而提升自己对人物形象塑造的审美意识。

语文习作要求学生通过展示情感变化来培养审美情趣。情感是故事的灵魂，也是引发读者共鸣的关键。学生在写作中可以通过描写人物的情感变化，表达内心的喜怒哀乐、矛盾纠结和成长历程。通过展示情感变化的实践，学生可以提升自己对情感表达的敏感度和审美追求，培养出对情感美的独特感悟和欣赏。

通过学习优秀的文学作品，学生可以接触到各个历史时期和文化背景下的经典作品。这些作品蕴含着丰富的情感和智慧，体现了作者对人性和生活的独特见解。学生通过阅读和欣赏这些作品，可以拓宽自己的审美视野，感受到不同文化传统和艺术风格带来的美的魅力。这样的学习会激发学生对文学艺术的兴趣和热爱，并在他们的成长过程中形成持久的审美追求。

第二节　小学语文习作能力的发展特点和现状

语文习作是小学语文教学中的重要内容，对学生的语言文字表达能力和综合素质的培养都起着重要的作用。下面将从学生的发展特点和当前的现状两个方面来论述小学语文习作能力的发展特点和现状。

一、小学语文习作能力的发展特点

（一）注重表达能力的培养

小学学生在语文习作过程中，注重对自己的观点和感受的表达。学生年龄较小，对于世界的认知和表达能力有限，应注重他们真实的感受和观点，培养他们的认知能力和表达能力。

1.创设宽松和鼓励性的环境

为了培养学生的表达能力，我们需要在学校或家庭中创建一个宽松、支持和鼓励的环境。这样的环境可以让学生敢于表达自己独特的想法和感受，从而增强他们的自信心，并激发他们的表达欲望。

我们可以给予学生足够的自由空间。让学生感到他们的观点是被尊重和接受的，在发表意见时不会受到批评或嘲笑。这样的环境可以消除学生的顾虑和压力，使他们更愿意表达自己的真实想法。

2.听取学生的声音

为了注重学生的表达能力培养，教师应该积极倾听学生的观点和看法，鼓励他们参与到课堂讨论和写作活动中。这样的互动交流可以帮助教师更好地了解学生个体差异和表达方式，从而有针对性地进行指导和辅导。

教师应该以开放的心态倾听学生。在课堂上，教师可以通过提问、激发思考等方式引导学生表达自己的观点和看法。并且，在听取学生意见时，教师应该保持耐心和尊重，不轻易批评或贬低学生的观点，而是鼓励他们发表真实想法。

教师可以通过小组讨论、合作写作等形式，营造一个互动的学习环境。学生之间的互相交流和讨论可以促进彼此之间的思维碰撞和启发，激发不同的观点和创意。教师可以充当引导者的角色，引导学生有序地进行讨论，同时注意记录学生的意见和建议。

3.提供丰富的写作素材

可以提供多样化的写作素材和引导学生运用多样的表达方式。这样可以激发他们的创造力和想象力，并丰富他们的语言表达能力。

我们可以通过使用不同类型的写作素材来激发学生的创造力和想象力。例如，给学生提供精选的图片，让他们根据图片进行描述或创作故事；引导学生阅读优秀的诗歌作品，激发他们对美感和情感的表达。这些写作素材可以帮助学生从不同的角度思考和表达，拓宽他们的思维视野和创作思路。

引导学生运用多样的表达方式来丰富他们的语言表达能力。除了基本的描述外，我们可以教导学生如何运用对比、引用、比喻等修辞手法来增强文章的表现力。通过示范和实践，让学生掌握不同的表达方式，并灵活运用在自己的写作中。这样可以使学生的作品更加生动有趣，同时也培养了他们的语言灵活性和创造力。

我们还可以鼓励学生进行写作的主题选择和创意发挥，给予学生一定的自主权，让他们选择感兴趣的话题进行写作，并鼓励他们发挥个人的创意和想象力。这样可以激发学生的主动性和参与度，同时也使他们更容易找到内在的动力去表达自己。

4.鼓励学生进行反思和修改

学生在写作过程中应该被鼓励不断地反思、修改和改进自己的作品。这样的实践可以帮助他们提高写作技巧和文思敏捷性。教师在其中扮演着重要的角色，可以提供具体的指导意见和建议，帮助学生发现问题、解决问题，并在写作中不断提升。

教师可以提供详细的反馈和评价。当学生提交作品后，教师应耐心阅读并给予具体的指导建议。可以指出作品中的优点和不足之处，帮助学生理解如何改进。教师可以关注语法、语句结构、词汇使用等方面的问题，并提供相应的修改意见。此外，教师还可以鼓励学生注重文章的逻辑性、连贯性和说服力，为他们提供相关的写作技巧和方法。

教师可以使学生进行反思和自我评估。学生在接受反馈和建议后，应自觉地对自己的作品进行反思和评估。他们可以自主检查对照教师的指导意见，找出问题所在，并试图自行修改和改进。这样的自我评估过程可以帮助学生建立自信和责任心，培养他们对自己作品质量的敏感性。

教师还可以提供个别指导和写作辅导。针对学生的个体差异和不同问题，教师可以给予一对一的辅导，帮助他们解决具体的写作难题。通过与学生私下交流和讨论，教师可以更加深入地了解学生的需求，并提供更加个性化、有针对性的指导。

5.展示和分享作品

为了激发学生的自豪感和成就感，并促进学生之间的交流和学习，教师可以给学生提供展示和分享作品的机会，如班级作品展览、校内刊物等。

班级作品展览是一个很好的展示平台。教师可以安排定期的作品展览活动，邀请全班同学参与其中。学生可以展示自己最好的作品，让其他同学欣赏和评价。这不仅能够增强学生对自己作品的自信心，还可以激发他们的艺术天赋和创造力。同时，通过观赏其他同学的作品，学生可以从中获得灵感和启发，进一步提升自己的写作水平。

校内刊物是另一个重要的展示平台。学校可以设立文学刊物或学生杂志，专门用来展示学生优秀的作品。教师可以鼓励学生将自己的作品投稿到刊物中，并由编辑部进行选择和编辑。被选中的作品将在刊物中发表,让更多人欣赏和学习。这样的经历将使学生感到自豪,并增加他们对写作的投入和热情。

学生还可以参加写作比赛和活动。教师可以鼓励学生积极参加不同类型的写作比赛,并提供必要的指导和支持。获奖或入选的作品可以在比赛或活动中展示,并使学生得到肯定和认可。这样的经历将激发学生的自豪感和成就感,同时也促进他们与其他优秀学生之间的交流和学习。

（二）强调情感表达

小学学生语文习作能力的发展特点之一是强调情感表达。在小学阶段,学生逐渐认识到语言不仅是用来传递信息的工具,还可以表达自己的情感和感受。因此,培养学生的情感表达能力对于他们的语文写作发展至关重要。

小学学生开始尝试运用自己的情感表达在写作中。他们会根据自己的经历、观察和感受,选择合适的语言来表达内心的情感。例如,他们可能会写一篇描述自己快乐、悲伤或惊喜的作文,并努力将自己的情感通过文字表达出来。通过这样的实践,学生可以渐渐意识到情感在写作中的重要性,并开始有意识地去表达自己的情感。

倡导真实、自由的情感表达对于小学学生也很重要。学生应该被鼓励,勇敢地表达自己真实的情感,不拘泥于形式和规范。教师可以给予学生更多的写作自主权,让他们选择感兴趣的话题,并表达自己真实的情感。这样能够激发学生的创造力和表达欲望,使他们更加愿意去尝试和探索写作中的情感表达。

二、小学语文习作能力的现状

（一）学生写作水平参差不齐

小学语文习作能力的现状表明,学生的写作水平参差不齐。在小学阶段,由于学生个体差异和学习经验的不同,导致他们在语文习作能力上存在较大差异。

一部分学生表现出较高水平的语文写作能力。这些学生通常具有较强的文字表达能力,能够运用丰富的词汇和句型来组织语言。他们能够清晰地表达自己的观点和想法,结构合理,内容连贯。他们通常能够运用一定的修辞手法和写作技巧，使作品更加生动有趣，具备一定的创意思维。

还有一部分学生的语文习作水平处于中等水平。他们在语言表达方面较为基础，可能会存在词汇使用不够准确、句子结构简单、内容组织不够连贯等问题。但他们仍然能够通过简单的句子表达自己的想法，并能够基本满足教师提出的要求。

也有一部分学生的语文习作能力较低。这些学生可能存在基础薄弱、词汇贫乏、句子表达简单乏味等问题。他们可能会遇到组织语言文思不畅、写作内容凌乱、逻辑性不强等困难。这些学生在写作过程中需要更多的指导和支持，才能提高他们的写作能力。

造成学生写作水平参差不齐的原因有多个方面。首先，学生的个体差异和学习背景不同会直接影响写作能力的发展。其次，缺乏足够的写作实践和指导也是一个重要原因。一些学校对于语文习作的时间和资源分配可能不足，学生缺乏充分的机会来进行写作训练和实践。同时，一些教师缺乏有效的教学方法和策略，无法满足学生的个性化需求。

（二）对习作的重视程度不够

习作在小学语文教育中的重要性是不容忽视的，然而，目前对习作的重视程度还不够。在一些学校中，习作往往被忽略或者仅仅成为一种形式，缺乏真正的关注和培养。

习作是语文能力综合运用的体现。通过习作，学生能够将所学的语言知识和阅读理解能力应用于实际写作中，提高他们的表达能力和思维能力。习作培养了学生的观察、思考和总结能力，有助于学生形成独立思考、批判性思维和创造性思维的能力。同时，习作也是学生情感表达和个性展示的机会，可以培养学生的情感态度、审美意识和人文素养。

习作是培养学生语文素养的有效途径。通过自主写作，学生可以加深对语言的理解和运用，提高语文素养的综合能力。习作既锻炼了学生的文字表达能力，又促进了他们的语言组织和修辞能力。同时，习作也是学生学习语文知识的检验和应用，能够帮助学生更好地掌握和应用所学的语文知识。

然而，在实际教学中，习作往往被忽视或者重视程度不够。一方面，一些学校和教师过于注重知识的灌输和应试训练，使得习作成为应付考试的一种形式，缺乏真正的关注和培养。另一方面，一些教师可能没有足够的专业素养和教学经验，无法有效指导学生的习作，导致学生在习作上缺乏自信和动力。

（三）学生习作兴趣的不足

许多小学生在写作过程中表达能力较弱。他们可能会遇到词汇选择有限、句子结构简单、表达不够清晰等问题。这可能与他们对词汇量的掌握和阅读量的不足有关。为了提高学生的表达能力，教师可以组织更多的课外阅读活动，鼓励学生积累词汇，扩大视野，并通过模仿优秀的范文来提高他们的写作水平。

小学生在写作内容上常常缺乏深度和广度。有些学生往往只是简单地叙述经历或描述事物，并没有展开思考或表达自己的见解。为了培养学生的思考能力，教师可以引导他们进行主题选择和思维导图的练习，激发他们的创造力和想象力。同时，引入一些富有启发性的话题和文学作品，可以帮助学生扩展写作的广度和深度。

有些小学生在习作过程中存在语法错误和拼写错误。这可能是因为他们对语法规则和拼写规则的掌握不够扎实。为了解决这个问题，教师可以通过系统的语法和拼写训练来帮助学生提高语言表达的准确性。

第三节　小学语文习作存在的问题和挑战

一、内容单一，缺乏深度

对于大多数小学生来说，由于他们的阅读和生活经验相对有限，思维和表达能力尚不够成熟，他们在习作中常常只能表达一些简单的观点和想法，缺乏深度和广度。这种内容单一、缺乏深度的问题是小学语文习作中的一个重要挑战。要解决这个问题，教师可以采取一系列的教学策略和方法。

（一）扩大学生的阅读量

扩大学生的阅读量是培养学生思维深度和广度的一种有效途径。教师可以在课堂上推荐并引导学生阅读各种题材的经典文学作品、科普读物及儿童杂志，让学生有机会接触到更多不同题目的阅读材料，丰富他们的阅读经验。

在课堂上，教师可以选择一些优秀的文学作品进行阅读指导。对于小学生来说，可以选择一些简单易懂的童话故事、寓言故事等，通过解读故事情节和人物形象，引导学生思考故事背后的道理和主题，从而培养他们对于文学作品的理解能力。此外，教师还可以引导学生参与角色扮演、剧本改编等活动，让学生更深入地理解和感受文学作品的内涵。

除了文学作品，教师还可以引导学生阅读科普读物和儿童杂志。科普读物可以帮助学生了解自然科学、社会科学等领域的知识，开拓他们思维的广度。儿童杂志则可以让学生接触到丰富多样的题材，如人物故事、科学实验、艺术展览等，激发学生对不同领域的兴趣和探索欲望。

教师还可以利用读书记录等方式培养学生的阅读习惯。可以要求学生在读完一本书后写读书笔记，记录下自己的阅读心得和收获。这不仅可以帮助学生更好地理解和消化所读内容，还可以培养他们的思考能力和表达能力。

（二）引导学生多观察和思考

教师可以通过组织实地考察、户外体验活动等，引导学生关注身边的事物和现象，从中进行深入的观察和思考。

实地考察可以帮助学生亲身感受和观察真实的事物。比如，教师可以组织学生到校园、社区或博物馆等地进行观察，让学生亲自触摸、感受和观察，加深对事物的认知。在考察的过程中，教师可以引导学生提出问题，比如为什么树叶是绿色的？为什么这个社区的环境整洁？通过这些问题，引导学生思考事物的本质和原因，培养敏锐的观察力和思辨能力。

户外体验活动也是培养学生观察和思考能力的有效方式。教师可以组织学生参加团队活动、探险活动等，让学生置身于新的环境中，观察和感受不同的事物。在活动过程中，教师可以鼓励学生记录自己的观察和感受，如观察大自然中的植物和动物，思考它们的生存状态和相互关系。通过这样的活动，引导学生培养观察细节的能力，提高对事物的思考深度。

除了实地考察和户外体验，教师还可以通过课堂讲解和讨论来引导学生进行观察和思考。教师可以选择一些有趣的事例或现象，引发学生的兴趣，让学生共同观察和分析问题。通过小组合作和讨论，学生可以交流彼此的观察结果，以及对问题背后原因和影响的思考。这样的讨论可以激发学生的思考能力，提升他们的思维深度和广度。

二、语言表达不流畅

小学语文习作存在语言表达不流畅的问题，这是由于学生在写作时还缺乏足够的语言技巧和实践经验所导致的。为了解决这个问题，教师可以采取以下措施来帮助学生提高语言表达的流畅性：

（一）语法和词汇的系统教学

语法和词汇是语言表达中不可或缺的要素，教师可以通过系统的语法教学和词汇扩展活动来帮助学生提升语言运用能力。

教师可以依据学生的程度和阶段性目标，设计适合的语法教学计划。这包括逐步引入基础语法知识，如时态、语态、名词、动词和形容词的用法等。教师可以使用教科书、练习册和多媒体资源等，结合实际例句和练习，让学生理解并运用所学的语法知识。

教师可以鼓励学生进行语法练习和应用。通过练习，学生可以巩固所学的语法规则，并在实际运用中加深对语法知识的理解。教师可以设计填空、改错和构建句子等练习，给予及时的反馈和指导。此外，教师可以鼓励学生运用所学的语法知识写作短文或参与口头表达活动，以提高他们的语言表达能力。

在词汇扩展方面，教师可以通过多种方法帮助学生积累和巩固词汇。教师可以使用单词卡片、词汇本或在线词汇工具等教具，让学生每天进行词汇的背诵和复习。同时，教师可以设计词汇游戏、填空练习和词汇拓展活动，提高学生对词汇的记忆和运用能力。此外，鼓励学生多读书、看电影等拓展语言环境，从而增加接触和应用词汇的机会。

教师还可以引导学生进行语言输出和交流。语法和词汇的学习不仅仅是记忆和理解，更要使其能够在实际交流中得以应用。教师可以组织辩论和口头表达活动，让学生练习语言表达的技巧和能力。同时，教师可以给予适当的建议和反馈，帮助学生纠正错误并改善语言表达效果。

（二）写作技巧和指导

教师可以通过提供写作技巧和指导来帮助学生克服写作中的一些常见问题，如表达不清晰、语句结构混乱等。

教师可以帮助学生改善句子结构，避免过长或过短的句子。学生可以学习如何使用不同的句式，如简单句、并列句和复合句，以增强句子的多样性和流畅性。

教师可以鼓励学生积累更多的词汇，并指导他们如何选择合适的词汇来表达自己的思想。学生可以学习使用形容词和副词来丰富描述，使用具体的名词和动词来增强表达的准确性。此外，教师还可以提供一些常用短语和习惯用语，以使文章更自然地流畅。

教师可以教授学生如何校对和修改自己的写作作品。学生可以学习检查文章中的语法错误、拼写错误和标点符号错误。此外，他们还可以通过重新阅读文章来确保句子之间的连贯性和逻辑性，并进行必要的修改和改进。

三、陷入套路化

小学生在写作时往往陷入套路化的泛泛之谈。他们经常套用模板或别人的观点，缺乏自己的独特思考和观点。这很可能是因为学生的自我意识尚未充分形成，以及对自己的观点和感受缺乏自信。

学生的自我意识尚未形成是导致套路化写作的一个重要原因。小学生在写作过程中往往过于依赖老师的指导和模板，缺乏独立思考和表达的能力。为了解决这个问题，教师应注重培养学生的主动思考能力，鼓励他们自己思考问题，提出自己的观点。在写作过程中，教师可以引导学生关注自己的真实感受和思想，鼓励他们用自己的语言表达出来。例如，在教授学生写记叙文时，可以提出一些开放性的问题，引导学生回忆自己的经历和感受，并通过写作表达出来。通过这样的方法，学生可以逐渐形成独立思考和表达的能力，摆脱套路化写作的陷阱。

学生对自己的观点和感受缺乏自信也是导致套路化写作的原因之一。小学生常常追求与他人一致的观点和看法，因为他们担心自己的观点可能会被别人质疑或批评。为了改善这种情况，教师应该给予学生足够的支持和鼓励，让他们感受到自己观点的重要性和独特性。在写作指导中，教师可以鼓励学生表达自己的真实感受和观点，并尊重他们的独特性。同时，教师还可以通过组织讨论和写作分享的活动，让学生相互交流和借鉴，吸取不同的思考和表达方式。这样可以让学生在积极、宽容的学习环境中，逐渐培养自己独特的观点和思考能力。

四、时间有限，任务繁重

在小学语文习作教学中，时间有限、任务繁重是一个普遍存在的挑战。由于小学阶段学生的学习任务繁重，时间紧迫，这也限制了教师在语文习作教学中的深入展开。为了解决这个问题，教师可以采取一系列的措施来更好地进行语文习作教学。

教师应该适当压缩其他学科的学习时间，给予语文习作更多的专注时间和空间。在学校的课程安排上，可以合理地分配各个学科的学习时间，将适当的时间留给语文习作的教学。通过有效地组织时间，学生可以有足够的时间来进行写作训练和思考，从而提高他们的写作水平。同时，教师还可以减少其他学科的作业量，以此来增加学生在语文习作上的投入和积极性。

教师可以在其他学科中融入语文习作的内容，通过跨学科的方式来进行习作教学。语文习作并不仅仅局限于语文课堂，它可以与其他学科进行有机结合，形成循环往复、相互促进的学习。例如，在科学课堂上进行实验观察后，可以要求学生撰写实验报告；在社会学科中，可以引导学生写读后感；在美术课堂上，可以要求学生以图画和文字相结合的方式来表达观点和感受。通过这种跨学科的方式，不仅可以提高学生的写作实践能力，还能增强学科之间的联系性，促进综合能力的培养。

第二章　写作选题与构思阶段的教学方法与实践

第一节　提供多样化的写作题材与形式

提供多样化的写作题材与形式对于小学语文习作的培养具有重要的意义。多样化的写作题材和形式可以激发学生的创造力，帮助他们扩展思维和表达能力。下面是几种可以采用的方法来提供多样化的写作题材和形式。

一、讲述亲身经历

教师鼓励学生讲述自己亲身经历的故事，不仅是一种有趣的写作形式，还可以在多个层面上培养学生的各种能力。

通过讲述自己的旅行经历、生日派对、运动比赛等亲身经历，学生可以通过回忆和记录这些事件，培养观察力和记忆力。写作是一种对事件进行整理和重新构建的过程，在书写自己的经历时，学生需要回忆起当时的细节和情景，并将其准确地表达出来。这可以帮助学生加深对事件的观察和理解，同时也锻炼了他们的记忆能力。观察力和记忆力是学习和生活中必不可少的能力，通过这样的写作形式，学生可以有效地提升这些能力，为他们的学习和成长打下坚实的基础。

通过写作来表达内心的感受和思考，学生可以更好地理解自己的情感和体验。每个人都有自己独特的情感和思考方式，在书写自己的经历时，学生可以通过选择合适的词语和表达方式来描绘内心的感受。这样的写作过程不仅可以让学生更深入地思考和理解自己的情感，还可以帮助他们学会表达和沟通自己的情感。情感表达是人际交流和情绪管理的重要能力，通过鼓励学生用文字表达自己的情感和体验，可以培养他们在这方面的能力，提高与他人的交流水平。

二、想象故事与神话传说

教师可以通过引导学生使用想象力来创作故事或神话传说，这种写作形式不仅能够培养学生的想象力和创造力，还能够促进他们的语言表达能力和批判思维能力。

教师可以鼓励学生选择一个自己喜欢的主题或情节。这个主题可以是一个悬疑故事、科幻故事、童话故事或者任何学生感兴趣的领域。通过选择自己感兴趣的主题，学生会更容易投入到创作当中，并且能够更好地与故事产生共鸣。

接下来，教师可以引导学生运用想象力来展开故事情节。学生可以思考并回答一些问题，例如：故事的起始是什么？故事发生在哪里？有哪些角色参与其中？他们的个性特点是怎样的？通过这些问题的引导，学生可以逐渐构建故事的框架和基本情节。

然后，学生可以开始进行具体的写作。教师可以提醒学生注意故事的结构，如开头、发展和结尾等部分。学生可以通过描述场景、角色的对话和行动来丰富故事情节，并且应该尽量使用形象生动、明确简洁的语言来表达自己的想法。教师还可以提醒学生注意故事的逻辑性和连贯性，使得情节紧密衔接、有条不紊。

最后，教师可以组织学生展示自己的故事或神话传说。学生可以朗读自己的作品。通过展示作品，学生可以获得来自同学和教师的认可和鼓励，进一步激发他们的自信心和创造力。

三、书信写作

教师可以引导学生写一封给家人、朋友或偶像的信。学生可以借助写信的方式来表达自己的思念、感谢和祝福。写信的形式可以让学生更好地表达出自己内心的情感和思考，并培养他们的书写和表达能力。

（一）写信是传统而真诚的方式

写信是一种传统、真挚的交流方式，可用来表达内心情感。在如今社交媒体的普及下，人们很少再使用书信作为沟通工具。然而，写信却能赋予人一种特殊感觉，因为它需要我们亲手用笔写下自己的思想和情感。对学生来说，这是一个培养他们的书写技巧和表达能力的很好的机会。

在信息时代，人们更倾向于使用电子邮件、即时消息或社交平台来与家人、朋友和偶像交流。这些形式的沟通确实更便捷、快速，但却缺乏了传统书信所带来的亲身体验。写信需要我们用手执笔在纸上写下每一个字，通过文字来传递我们的情感和思考。这个过程会让我们更加专注于每个字的挑选和排列，感受到文字从手指传递到纸上的真实触感。这种与电子媒体不同的体验，能够让我们更加真实地表达出内心的情感。

对于学生而言，写信是一个锻炼书写技巧和表达能力的绝佳机会。在现代教育中，写作能力一直被认为是一个重要的技能。而写信则提供了一个实践平台，让学生可以通过书写来组织思绪、表达情感和描述事物。通过写信的实践，学生可以提高他们的表达能力和写作技巧。在写信的过程中，他们需要思考如何用准确的词语来表达自己的想法和情感，这对他们的语言和沟通能力都是很好的培养。

（二）写信能帮助学生了解自己和他人

写信有助于学生更好地了解自己和他人。在书写过程中，学生可能会反思与家人、朋友或偶像间的关系，回忆起曾有的经历和感受。他们会思考如何用语言表达自己的思念、感激和祝福。这样的思考过程不仅能帮助学生认识到自己内心的世界，也能深化他们对他人的理解和尊重。

写信需要我们专注地选择词语来表达情感和意义。当学生思考着要写给家人、朋友或偶像的信时，他们会回想起与这些人之间的美好时刻和共同经历。他们会仔细选择字句，以最准确的方式来表达自己的情感。这个过程促使学生深入思考和反思，了解到自己内心的真实想法和情感。

写信的过程也可以帮助学生更好地理解他人。当他们写给家人、朋友或偶像时，他们会察觉到自己对这些人的思念和对他们所做的贡献。他们会用语言来表达自己的感激和祝福，这要求他们站在对方的角度思考，理解对方的情感和需求。通过思考和表达，学生可以更全面地认识他人的价值，并更好地与他人建立联系和共享。

（三）写信可以加强人际关系

写信是小学语文中重要的一部分，它可以加强人际关系。通过书写信件，孩子们能够更好地表达自己的情感、思考和关心，并且与家人、朋友等建立更紧密、更深入的联系。

写信是传递感激之情和表达祝福的良好方式。在日常生活中，我们都会收到亲友给我们的帮助和支持。而通过写信，孩子们可以用真诚的文字对亲人、朋友表示感谢，让对方感受到自己的赞赏和重视。同时，孩子们也可以借此机会向他人送上最真挚的祝福，表达出对对方好运和幸福的期望。这样的感激和祝福不仅让人感到温暖，也有助于增进彼此之间的友谊和亲密度。

除了表达情感和感激，写信还能培养孩子的表达能力和思考能力。当孩子用文字将自己的想法和感受表达出来时，需要仔细思考和选择合适的词语。通过这个过程，他们可以提高自己的文字表达能力，丰富自己的词汇量，锻炼自己的逻辑思维和组织能力。而在与他人交流的过程中，孩子们能够学会更好地倾听和理解别人的意见，并回应对方的问题和关注点，培养起良好的沟通技巧。

写信也可以成为孩子回忆和珍藏的宝贵资源。无论是给家人、朋友还是老师写信，这些文字都能够记录下他们与他人一起成长的点点滴滴。在日后的岁月里，当他们翻阅这些信件时，能够回忆起那些美好的时光和共同经历，加深对彼此之间的理解和感激。这样的回忆和珍藏可以使孩子们更加珍惜身边的人和事，从而形成积极向上的人生态度。

在引导学生写一封书信时，教师可以提供一些写作思路和技巧。例如，学生可以先回忆起与对方之间的美好时刻，然后用感激的心情表达自己的谢意。接下来，他们可以表达自己对对方的思念和祝福，希望对方健康快乐。最后，学生可以用真诚的语言结束信件，并表达自己期待与对方再次相见的心愿。

在批改学生的信件时，教师可以关注学生的表达能力和写作技巧。例如，学生是否用恰当的语言表达出自己的情感和思考？他们对于所感谢、思念和祝福的内容是否有具体的描述和细节？这些问题可以帮助教师评估学生的写作水平，并提供有针对性的指导和建议。

第二节　激发学生的创造力与想象力

小学语文习作是培养学生想象力和创造力的重要环节。在教学实践中，可以通过以下方法来激发学生的想象力和创造力，并引导他们进行习作写作。

一、绘画启发

绘画启发是一种有效的方法，可以激发小学生的想象力和创造力。教师可以提供一幅精美的绘画作品，让学生观察、思考并描述作品中的场景、人物或情感。

（一）观察与描述

在绘画启发的过程中，教师选取一幅精美的绘画作品，并引导学生进行仔细观察。学生可以观察作品中的场景、人物、动态、色彩等方面的细节。观察的目的是让学生更加深入、全面地了解绘画作品，从而为后续的描述提供丰富的素材和触发想象的元素。

接着，教师要求学生通过书写来描绘他们观察到的内容。学生可以运用各种形容词、名词、动词等词汇，以生动具体的语言将观察到的事物展现出来。他们可以尝试使用形容词来描述色彩的鲜艳、场景的宏伟、人物的神情；使用名词来描绘人物的特征、物品的形状、场景的感官特点；使用动词来表达人物的动作、物品的运动、场景中的变化。通过多样化的词汇表达，学生能够增强习作的丰富性和语言的灵活性。

例如，一幅描绘田园风光的绘画作品，学生观察并描述时可以写道："碧绿的稻田，沐浴在温暖的阳光下，随风轻轻摆动着；清澈见底的小溪，水面上小鱼儿欢快地游来游去；远处的山峦，仿佛云雾缭绕，勾勒出一幅壮美的画卷。"这样的描述让读者可以想象到田园的宁静、稻田的生机和山脉的壮丽，并与观察到的内容产生共鸣。

通过观察与描述，学生能够培养观察力，提高对事物的敏感度以及注意力

21

的集中程度。同时，他们也能够运用多种形容词、名词和动词等词汇，拓宽自己的表达能力，使作文更加生动有趣。这种方法不仅能够激发学生的创造力和想象力，还能够锻炼他们的语言表达能力，为他们的写作打下坚实的基础。

（二）情感与联想

绘画启发是一种激发学生想象力和创造力的方法，其中情感与联想环节起着重要的作用。通过欣赏和思考绘画作品中传递的情感，学生可以进一步展开他们的想象力和创造力，并将其融入到习作中。

在情感与联想环节中，教师可以选择一幅富有表现力的绘画作品让学生仔细观察。作品中的色彩、线条、姿态等元素都能够激起学生的情感共鸣。教师可以引导学生思考作品所传递的情感，如喜悦、伤感、温暖等，然后鼓励他们根据这些情感展开自己的联想和表达。

学生可以从作品中汲取情感的营养，通过自己的经历、感受和想象来丰富习作内容。他们可以运用白描、比喻、拟人等修辞手法，将自己的情感融入到描写中，以增加习作的感染力和艺术性。

例如，一幅描绘日落的绘画作品，学生可以结合自己对日落的感受写下："夕阳西下，天空染上了一抹橙红色。阳光透过云雾洒在大地上，河面上的水波荡漾着金色的涟漪。远处的群山也被温暖的光芒笼罩，仿佛披上了一层火红的斗篷。站在湖边，我感受到了宁静与平和，仿佛整个世界都进入了一个梦幻般的时刻。"

通过情感与联想，学生能够培养对艺术作品的敏感度，并从中获取情感共鸣的体验。他们能够运用自己的经历和感受，将情感融入到习作中，使作文更具独特性和感染力。

情感与联想还可以激发学生的创造力。他们可以根据作品中所传递的情感展开联想，构思出丰富多样的故事情节、角色形象等。通过这种方式，学生能够培养想象力，丰富习作的内容，并提高表达能力和故事创作能力。

绘画启发中的情感与联想环节，能够帮助学生深入理解绘画作品传递的情感，并将其运用到自己的习作中。通过欣赏艺术作品，学生可以提升他们的感知能力、创造力和表达能力，提高他们的写作水平。

（三）故事与想象

绘画启发中的故事与想象环节是培养学生创造力和想象力的重要部分。通过观察绘画作品所呈现的场景、人物和情节，学生可以展开自己的想象力，创造出丰富多彩的故事。

在故事与想象环节中，教师可以引导学生提出一系列问题，鼓励他们思考和猜测背后的故事。例如，学生可以思考绘画作品中人物的身份、动作和表情，推测不同角色之间的关系以及可能发生的事件。这样的思考能够激发学生的好奇心和想象力，为他们构思故事情节提供思路和灵感。

学生可以根据自己的想象和创造，编写属于自己的故事。他们可以描绘人物的个性特征、遭遇的困境、努力克服困难的过程，以及最终的结局。在创作故事时，学生应该注重情节的连贯性和起伏变化，使故事更加有吸引力和张力。

例如，在一幅描绘海底世界的绘画作品中，学生可以想象出一个关于海龟的故事。他们可以描述海龟踏上了一段冒险旅程，与鱼儿成为了朋友，在探索海底世界的过程中，遇到了危险和困难，但通过勇气和智慧，最终成功克服困难，并找到了回家的路。

这样的故事不仅能够培养学生的创造力和想象力，还能够让他们深入理解绘画作品所传递的主题和情感。学生可以在编写故事的过程中，加入自己对世界的观察和思考，使故事更富有个性和深度。

故事与想象环节还可以拓宽学生的视野和知识面。教师可以引导学生研究与绘画作品相关的背景知识，如当时的历史背景、文化背景等，以丰富故事的内容，并使其更加真实和立体。

通过故事与想象环节，学生能够培养创造力和想象力，提高他们的故事创作能力和表达能力。他们能够运用自己的想象和观察，将绘画作品中的元素转化为独特的故事情节，展示出他们独特的视角和思考。这样的习作不仅能够激发学生的兴趣和积极性，还能够培养他们的创造力和表达能力，使他们在写作中更加自由、丰富和富有想象力。

绘画启发在小学语文习作中可以起到很好的激发学生想象力和创造力的作用。通过观察与描述、情感与联想、故事与想象等环节，学生能够获得对绘画作品的深入理解，并且通过写作将自己的想法和感受表达出来，进一步提高他们的写作能力和文学素养。

二、视频观看

视频观看是一种激发学生创造力和想象力的有效方法。通过选取有趣的短视频，教师可以引导学生进行观察、思考和讨论，再根据所观察到的内容展开写作。

在视频观看的过程中，教师可以选择具有情节和角色的视频，以便学生能够投入其中，并在观看后展开讨论和写作。这些视频可以是动画片、短片、纪录片等各种形式，但都要具有趣味性和适合学生年龄段的内容。

（一）引导学生捕捉视频关键信息

教师在引导学生观看视频时，可以鼓励他们仔细观察其中的情节、人物和场景等元素。通过注意细节并捕捉影片中的关键信息，包括人物的表情、动作和对话等，学生可以深入了解视频内容，并从中激发自己的创造力和想象力。

当学生观看视频时，教师可以提醒他们关注画面中的细节。例如，学生可以留意人物的表情变化，以及这些表情所传递的情感。他们可以观察人物的动作和姿态，推测人物可能的意图和动机。此外，学生还可以聚焦于背景和场景的细节，如色彩运用、构图等，以感知整个故事的氛围和情感。

将自己置身于视频情境中是培养学生想象力与创造力的重要方法。学生可以尝试从角色的视角出发，设身处地地理解这些角色的感受和思考。他们可以想象自己成为故事中的主人公，体验故事情节中的冲突和转折点，并尝试预测未来可能发生的情节。通过这种沉浸式的观察和想象，学生能够进一步激发自己的创造力和想象力，使他们的作品更加生动和富有个性。

教师还可以引导学生思考人物的感受和动机。例如，他们可以猜测为什么人物会产生某种表情或采取特定的行动。通过推断人物的内心世界和背后的动机，学生可以在写作过程中赋予角色更多的深度和维度。这样的思考不仅能够拓展学生的思维，还能够培养他们的创造力和情感表达能力。

（二）组织学生进行讨论

教师可以组织学生进行讨论，旨在促进他们对视频的理解和观点的表达。通过分享自己对视频的看法，学生能够互相启发，扩展彼此的思维。

在讨论中，教师可以提出一系列问题，引导学生深入思考视频中的主题和寓意。例如，教师可以询问学生对于视频中人物的行为是否有其他解释，或者他们认为视频所传达的信息是什么。这些问题将激发学生思考影片背后更深层次的含义和隐喻，并从不同角度审视视频内容。

通过讨论，学生将有机会表达自己独特的见解和观点，同时也能够倾听他人的意见和观点。这样的交流与互动有助于学生开阔思维，培养他们的观察力和分析能力。在讨论过程中，学生可能会发现他人对于视频的解读与自己不同，这促使他们重新审视自己的观点，并学会尊重他人的不同观点。

教师还可以通过讨论提供指导，帮助学生深入思考视频中的内容。例如，他们可以请学生围绕视频中的某个情节或人物展开讨论，并提出相关问题以引导学生深入挖掘。教师还可以鼓励学生从不同角度思考，比如从道德、社会或个人发展的角度去分析视频内容，使学生对于视频的理解更加全面和深入。

通过这样的讨论活动，学生将能够充分表达自己的观点，并从他人的发言中获得新的启发。这种开放性的交流有助于学生培养批判性思维、逻辑思维和沟通能力。同时，讨论也为学生提供了一个互相学习和分享的平台，促进彼此之间的合作与理解。

（三）根据结果进行写作

在视频观看和讨论的基础上，教师可以引导学生展开写作，以进一步培养他们的想象力、创造力和语言表达能力。下面是一些写作任务的例子。

写一个故事延续视频情节：学生可以以视频中的情节为基础，继续发展创作一个与之相关的故事。他们可以选择扩展片段、添加新的情节或角色，使故事更加丰富有趣。在写作过程中，学生可以运用自己的想象力和创造力，展示出独特的故事发展和人物命运。

描述一个角色的心理变化：学生可以选择其中一个视频中的角色，描述他们在故事中的心理变化。他们可以分析角色的情感起伏、内心冲突和成长过程，并通过描写角色的思维、情绪和行为来展示这些变化。这样的写作任务不仅有助于学生观察细微的情感变化,还能够拓宽他们对角色塑造和心理描写的认识。

书写自己对视频的评价:学生可以就所观看的视频表达自己的评价和观点。他们可以分享自己喜欢的部分、引起共鸣的情节以及对于视频中传递的信息和主题的理解。在书写评价时,学生可以提供具体的理由和案例来支持自己的观点,并进行批判性思考和分析。

在写作过程中,学生应该注重情节的连贯性、人物的形象描写、场景的细腻描绘等方面。他们可以发挥自己的想象力,编写自己关于视频背后故事的设想,将创造性的元素融入到写作中。

通过视频观看及相关写作任务,学生不仅能够培养创造力和想象力,还能够提升他们的观察力、分析能力和表达能力。他们将会从不同角度思考视频内容,理解不同人物的情感和动机,同时也能够开阔自己的视野,丰富自己的写作内容。这样的学习方法能够激发学生的兴趣和积极性,拓展他们在写作中的创造思维。

三、启示性问题

教师在教学过程中可以通过提出一些启示性问题,引导学生展开思考和想象。这样的问题可以激发学生的好奇心和求知欲,帮助他们培养批判性思维、创造性思维和解决问题的能力。以下是一些示例问题,可以帮助学生展开丰富的想象,写出自己独特的习作。

例 1:如果你有机会改变世界,你会选择哪个方面?为什么?

这个问题可以引导小学学生思考社会问题,鼓励他们提出更新和创新的解决方案。尽管小学学生对于复杂的议题可能理解有限,但他们依然可以通过简化和针对性的思考,表达自己对环境保护、贫困救助等问题的看法和建议。

在环境保护方面,小学生可以思考如何节约用水、减少垃圾以及保护动植物。他们可以提出关于关闭水龙头、分类垃圾、植树等实际可行的建议,以保护我们的地球和生态系统。

对于贫困救助,小学生可以思考如何帮助那些需要帮助的人,比如参与慈善活动或者捐赠不再使用的物品。他们可以提出关于如何分享食物、书籍、衣物等资源，以及如何帮助他们的同学和周围的人建立积极的心态。

通过这样的思考和表达，小学生可以展现出对社会问题的关注，并提出简单而切实可行的解决方案。这种参与可以增强小学生的社会责任感和合作意识，并培养他们解决问题和创新思维的能力。重要的是，教师应该鼓励学生的创造性和独立思考，并给予他们支持和认可，让他们相信自己的观点和建议是有价值的。

例2：请描述一个你梦想中的未来城市。

这个问题可以激发小学生对未来的想象力。他们可以想象各种科技的发展和社区的建设，如高楼大厦、智能交通和清洁能源。同时，他们也可以思考人与人之间的关系以及城市环境与可持续发展之间的平衡。

当学生开始思考未来时，他们可以设想一个创新的城市景象。想象一下，高楼大厦拔地而起，如同巨型树木，在阳光下闪耀的玻璃幕墙。这些建筑物不仅提供了现代化的居住空间，还包含了先进的节能设施和智能家居系统，为居民提供舒适、便利的生活环境。

智能交通也是未来的关键发展领域。学生可以设想无人驾驶汽车在道路上自动行驶，通过高科技感应器监测周围的情况，实现更高效、安全的交通运输。同时，他们可以思考如何改善公共交通系统，使之更加智能化和便捷，减少交通拥堵和污染。

学生还可以设想清洁能源在未来的广泛应用。他们可以思考太阳能、风能和水能等可再生能源如何为城市供电，并减少对传统能源的依赖。这样一来，城市将拥有更加环保和可持续的能源系统，减少对环境的负面影响。

最后，学生也应该思考人与人之间的关系以及城市环境与可持续发展之间的平衡。他们可以探讨如何建立和谐的社区关系，促进互助合作和共同进步。同时，他们还可以思考如何在城市发展的同时保护自然环境，实现人与自然的和谐共生。

例3：如果你可以和任何历史人物进行对话，你会选择谁？为什么？

这个问题可以引导学生思考中国历史上其他重要人物的影响力，激发他们对历史的兴趣。学生可以选择一个自己崇拜或者对自己有深刻影响的中国历史人物，并设想与他们的对话场景，探讨他们的思想、信念和成就。

举例来说，学生可以选择与诸葛亮进行对话。他是中国历史上的杰出政治家、军事家和文化名人，也是《三国演义》中的关键人物之一。学生可以问他关于智慧才能、策略布局以及领导力相关的问题。通过与诸葛亮的对话，学生可以了解到他睿智的思维、谦逊的品质和为国家利益而努力的奉献精神。

另外，学生可以选择与孔子进行对话。作为中国古代伟大的教育家和思想家，孔子对中国社会产生了巨大的影响。学生可以问他关于教育、道德和社会治理方面的问题。通过与孔子的对话，学生可以了解到他的儒家思想、强调人际关系和家庭责任的价值观，以及他对教育的重视和推崇。

通过与这些具有重要影响力的历史人物进行对话，学生能够了解他们的思想、信念和成就。这不仅激发了学生对历史的兴趣，也促使他们思考和探索伟大人物背后的价值观和行为准则。这些对话还可以激励学生秉持正确的价值观，注重个人的成长与社会的进步，并在自己的领域中做出积极的贡献，成为未来中国的有用之才。

例 4：请描述一个你梦想中的冒险旅行。

这个问题可以激发小学学生的联想和创造力。他们可以设想各种奇幻的冒险旅程，比如深入丛林探险、登上高山征服危险峰顶、探索神秘的海底世界等。同时，学生也可以思考在冒险旅行中可能面临的挑战，并思考如何解决这些问题。

例如，小学学生可以设想自己进行深入丛林的探险。他们想象自己穿越茂密的树林，寻找丛林中隐藏的宝藏或者与野生动物亲密接触。在这个冒险过程中，学生可能会遇到迷路、野生动物的威胁等挑战。为了解决这些问题，他们可以利用指南针或地图导航，保持冷静并向老师或同伴寻求帮助。

学生还可以设想攀登高山征服危险峰顶的冒险旅程。他们可以想象自己攀登陡峭的山峰，体验风吹雪打的艰辛。在这个过程中，学生可能面临体力疲劳、低温等挑战。为了解决这些问题，他们可以提前做好体能训练，穿着适当的防寒装备并与导游或老师保持紧密联系。

学生还可以设想潜入海底世界的冒险旅程，探索充满神秘的海洋。他们可以想象自己在蓝色的海水中潜入深海，观察五彩斑斓的珊瑚和奇特的海底生物。在这个冒险中，学生可能面临水下压力、呼吸控制等挑战。为了解决这些问题，他们可以在专业教练的指导下接受潜水训练，使用合适的潜水设备，并遵循安全规则。

通过设想各种奇幻的冒险旅程，并思考其中可能遇到的挑战和解决方法，小学学生可以培养自己的想象力、创造力以及解决问题的能力。同时，这种活动也鼓励学生勇于面对困难，培养勇敢探索的精神。这对于他们的成长发展非常有益，让他们成为积极向上、富有创造力的人。

通过提出这样的启示性问题，教师可以帮助学生培养批判性思维、创造性思维和解决问题的能力。这些问题不仅仅是为了学习知识，更是为了培养学生在现实生活中面对各种情境时的思考与创新能力。同时，学生也可以通过写作等方式，将自己的思考和想象力付诸实践，展示出他们独特的才华和创造力。

四、观察身边

教师可以鼓励学生观察身边的环境、人物或事物，并进行细致的描述。通过观察，学生可以发现身边存在的美好或独特之处，并根据自己的想象力进行创作。

（一）观察家中的情景

学生可以观察自己家中的环境，描述家里的布置、家具摆设和装饰品等。他们可以描述客厅里柔软舒适的沙发，沙发上还有几个柔软的靠垫，让人感受到舒适和放松。

学生还可以注意书架上的摆设。书架上整齐地摆放着各种书籍，书籍的封面多样且色彩明亮。这些书籍既包括文学作品，也有科学知识和历史故事。学生可以通过观察书籍的题材和数量，判断这个家庭对知识的重视程度和培养广泛兴趣的文化氛围。

除了家具摆设，学生还可以留意墙上的装饰品和画作。墙上挂着几幅精美的画作，给人一种宁静、美好的感觉，展示了家人对自然的喜爱和对艺术的欣赏。墙上还悬挂着家庭成员的合影，记录了一些珍贵的回忆和团聚的时刻。

不仅如此，学生还可以关注家居环境的细节，如窗户旁边的绿植、客厅桌上的摆件等。绿植给房间带来了生机和清新的氛围，同时也能净化空气。摆放在桌子上的摆件可能是一些小工艺品或纪念品，它们可能代表着家庭中重要的价值观或纪念特殊的事件。

（二）观察所住的街道或社区

学生可以仔细观察自己所居住的社区或街道，描述周围建筑的特点、人们的活动和交流情况。他们可以描述社区中绿树成荫的小公园，公园里有儿童们在滑梯上玩耍，有年轻人在草坪上踢足球，还有老人们在椅子上晒太阳休息的场景。这样的描述能够展现出社区活力和幸福的一面。

学生还可以观察周围建筑物的特点。他们可以描述社区中多样的建筑风格，如传统的石砌房屋、现代的高楼大厦，或者是彩色的小别墅等。他们可以注意到建筑物的外观设计，以及窗户上的花园或装饰物。通过这些细节的描绘，学生可以传达出社区的多样性和美感。

除了建筑物，学生还可以关注人们之间的互动和交流。他们可以描述邻居之间友好互助的情景，比如邻居们互相打招呼、交谈或者帮助对方。这种邻里关系的良好互动体现出社区的温暖和凝聚力。学生还可以观察社区的清洁整齐程度，描述街道上没有垃圾和乱丢的现象，以及人们遵守交通规则和保持良好秩序的情况。

（三）观察身边的朋友或同学

学生可以仔细观察身边的朋友或同学，描述他们的外貌特征、个性特点和所擅长的事情。他们可以描述朋友的外貌特征，如高瘦的身材、乌黑的头发和明亮的眼睛等。同时，他们也可以关注到朋友的个性特点，比如热心助人、乐观开朗或者勇敢自信等。

学生还可以注意朋友在学校中展示出的才艺和领导能力。他们可以描述朋友在课堂上表现出色，积极参与讨论并给予意见。他们还可以关注朋友在社团活动或比赛中的表现，如音乐、舞蹈、体育或科学竞赛等。通过观察和描述，学生可以展现朋友们的多样才能和独特魅力。

此外，学生还可以描述朋友们的品质和行为特点。例如，他们可以描述朋友们的善良和关心他人的行为，帮助他人解决问题、关心弱势群体或主动为他人提供支持等。他们还可以描述朋友们在团队合作中展现出的团结协作和领导能力。这些描述可以传达出朋友们的优秀品质和积极行动的价值。

（四）观察自然界的事物

学生可以仔细观察自然界的事物，如花草树木、小动物等。他们可以描述花朵的颜色、形状和芳香，比如鲜艳的红玫瑰、绽放的百合或者淡雅的茉莉花。他们可以关注到树木的高大和枝叶的繁茂，如郁郁葱葱的橡树、婆娑的柳树或者挺拔的松树。通过对花草树木的观察，学生可以发现大自然的美丽和多样性。

学生还可以观察小动物的行为和特征。他们可以描述小鸟在树上欢快地歌唱，蝴蝶在花间飞舞，或者松鼠在树枝上跳跃的情景。他们可以注意到小动物的体态和充满活力的行为习惯，如灵巧的兔子跳跃、蜜蜂勤奋采集花蜜或者蜥蜴敏捷地爬行。通过观察小动物，学生可以发现大自然中生物的奇妙和多样性。

通过对事物的观察，学生可以深入了解大自然的美妙和多样性。他们可以体验到花草树木的色彩斑斓、形态各异以及芳香四溢的特点。同时，通过观察小动物的行为和特征，学生也能够感受到自然界生物的独特之处。

这样的观察活动将有助于学生培养对自然的敬畏和保护的意识。学生可以通过观察和描述，传达出对自然美的欣赏和对生物多样性的珍视。

通过观察身边的环境、人物或事物，并进行细致的描述，学生可以培养观察力、发现美的能力以及创作想象力。这样的活动不仅能够让学生更加关注和感激身边的一切，还能激发他们探索世界的兴趣和好奇心。同时，通过创作，学生也可以表达自己的独特见解和情感，培养自信和表达能力。这种观察与创作的过程将有助于学生对自然和社会的深入理解，培养他们独立思考和审美意识。

五、阅读优秀作品

教师可以为学生选择一些经典、优秀的童话故事、小说或诗歌，引导他们进行阅读，并鼓励他们基于阅读所得的启示进行创作。通过阅读优秀作品，学生能够接触到各种类型的优秀文学作品，从中拓宽视野，激发自己的创造力和想象力。

（一）选取经典的童话故事

教师可以为学生挑选一些经典的童话故事，如《小红帽》《白雪公主与七个小矮人》《三只小猪》，引导他们进行阅读。这些童话故事常常蕴含着深刻的道德教育价值和人生智慧，能够帮助学生理解善恶之间的区别以及正确的价值观。

通过阅读《小红帽》，学生将从中了解到对陌生人要警惕，以及遵守父母嘱托和谨言慎行的重要性。这个故事不仅教导了孩子们如何保护自己，还强调了信任和尊重他人的重要性。

而《白雪公主与七个小矮人》则向学生传达了关于美丽、善良和勇气的价值观。通过白雪公主的故事，学生可以领悟到美貌并非唯一重要的品质，善良和纯真的心灵同样重要。此外，它还强调了友谊和家庭之间的互助精神。

《三只小猪》是一个经典的童话故事，通过三只小猪对抗大野狼的故事情节，传递给学生对抗困难和安全意识的重要性。学生将意识到勤劳、智慧和耐心的价值，以及做出正确决策和规划的必要性。

这些经典童话故事不仅能够帮助学生体会道德观念和人生哲理，更能够激发他们对勇气、友谊和爱的思考与表达。同时，这些故事也能够培养学生的阅读兴趣并提高其语言表达能力。教师可以引导学生以自己的方式去理解和解读这些故事中的道理，并鼓励他们从中获得启示，展开创作。

（二）选取优秀的小说

教师在选择优秀的小说供学生阅读时，可以涵盖不同题材和文体，如冒险、历史、科幻和现实题材等。这样的多样性能够让学生有更广阔的阅读视野，并从中领略到不同文化、历史和人性的魅力。同时，学生也能够感受到作家的想象力和文字艺术的独特之处。

举例来说，《飘》是一部经典的历史小说，通过展现南北战争时期美国社会的不同面貌，描绘了一个坚强而独立的女主角斯嘉丽·奥哈拉的命运。学生通过阅读这个故事可以深入了解历史背景下的人性与困境，同时也激发对勇气、毅力和坚持的思考与思索。

《哈利·波特》系列是一部富有想象力的奇幻小说，它带领读者进入一个魔法世界，其中的主人公哈利·波特与他的朋友们展开一系列冒险。这个系列不仅能够帮助学生培养想象力和创造力，还能够让他们感受到友情、忠诚和正义的力量。

《红楼梦》是中国古典小说的经典之作，通过描写贾宝玉、林黛玉等众多人物的命运和情感，展现了封建社会的悲欢离合，这个故事能够让学生领略传统文化的博大精深。

通过阅读这些优秀的小说，学生不仅可以享受故事本身的乐趣，还能够从中汲取到丰富的知识和智慧。同时，这样的阅读体验也能够培养学生对文学艺术的兴趣和理解，为他们的语言表达和创造力的发展打下坚实的基础。

教师可以引导学生以自己的方式去理解和解读这些小说，鼓励他们从中获得启示并开展创作。学生可以写下对小说内容的理解和感悟，也可以通过绘画、音乐等形式表达对作品的独特理解。

（三）选取经典的诗歌作品

教师在选取经典诗歌作品供学生阅读时，确实能够培养学生的审美情趣和语言感知能力。诗歌作为一种高度凝练且富有想象力的文学形式，能够通过其独特的语言和表达方式触动人心，激发学生的创造力和想象力。

举例来说，李白的《静夜思》是中国古代文学中最著名的短诗之一。这首诗以简洁而清新的语言表达了诗人在深夜孤独思念故乡和亲人的情感。学生通过欣赏这首诗，不仅可以感受到文字的美感和韵律，还能够体会到诗人内心世界的深沉和对家乡的眷恋。

海子的《面朝大海 春暖花开》是一首充满力量和豪情的现代诗歌作品。这首诗以宏伟的意象描绘了自然的壮丽景色，同时也抒发了诗人对自由和辽阔的向往。学生通过阅读这首诗，可以感受到诗人独特的视角和情感表达的力量，同时也能够激发学生对大自然和人生意义的思考。

通过阅读这些经典诗歌作品，学生可以欣赏其中的美丽意境、深远情感和独特表达方式。教师可以引导学生深入解读诗歌中的字面意义和引申含义，让他们从中领略到诗歌所传递的深刻思想和情感。同时，鼓励学生进行创作，让他们根据自身的体验和情感写下自己的诗歌作品。

除了欣赏和创作诗歌，教师还可以组织学生进行朗诵和分享，让他们用自己的声音将诗歌表达出来。这样的实践不仅能够培养学生的语言表达能力和自信心，还能够提升他们对诗歌的理解和欣赏水平。

通过阅读优秀作品，学生能够培养对文学的兴趣和热爱，激发他们对文字表达和创造的渴望。在阅读过程中，学生不仅可以提升自己的语言表达能力，还可以拓宽视野，理解不同文化和社会背景。同时，这样的阅读也能够为学生提供启示，引导他们思考生活的意义、价值观和道德选择，促使他们更好地成长与发展。

教师在引导学生阅读优秀作品时，学生可以根据阅读所得的启示，以自己独特的方式进行创作。无论是写故事、写诗还是绘画、音乐等形式的表达，都能够帮助学生发掘自己的才华和创造力。通过创作，学生可以将自己的思想和情感融入其中，培养自己的表达能力和艺术修养。

在实践中，教师应注重引导和启发，避免过多限制学生的创作思路。在学生进行习作写作时，给予适当的指导和建议，同时也要鼓励他们勇于表达和展示自己的想象力和创造力。

第三节　引导学生进行头脑风暴和构思活动

小学语文写作选题与构思阶段是培养学生创造性思维和写作能力的关键环节。以下是一些教学方法和实践，可以引导学生进行头脑风暴和构思活动。

一、引导学生进行头脑风暴

（一）提出问题

明确写作任务，并向学生提出开放性的问题，可以激发学生思考并展开头脑风暴。以下是一个示例题目："你梦想中的假期是怎样的？"

在梦想中的假期中，人们可以尽情追逐自己的梦想和愿望。那么，你梦想中的假期是怎样的呢？让我们一起进行头脑风暴，构思一个丰富多彩的假期。

我们来考虑目的地。你希望前往哪个地方度过梦想中的假期呢？是热带的海滩还是宁静的山林？或者是历史悠久的古城？

接下来，我们来思考你希望在假期中做些什么。例如，你可能想要享受阳光沙滩和清澈的海水，尽情畅游和玩耍；或者你更喜欢挑战自己，进行一场刺激的冒险活动，如海上冲浪、悬崖跳水或滑翔伞；又或者你希望探索未知的地方，参观当地的名胜古迹、博物馆或者美丽的自然景观。

除了目的地和活动，还可以思考你想要与谁一起度过这个梦想中的假期。是和家人、朋友还是独自一人？和亲密的人分享欢乐的时光，或者独自感受旅行的自由与冒险。

在梦想中的假期中，食物也是不可或缺的一部分。你希望尝试当地的特色美食，品味各种口味的美味佳肴；又或者你更喜欢享用自己最爱的食物，尽情满足自己的味蕾。

最后，想一想你在梦想中的假期中希望获得怎样的情感体验。是快乐和放松，远离烦恼和压力；还是成长和启发，通过旅行来开阔眼界和丰富经验。

通过头脑风暴，可以将这些想法组织起来，构建一个完整且丰富多彩的假期构思，为写作打下坚实的基础。

（二）四方法

为了激发学生的创造力和头脑风暴，我们可以将一张纸分成四个区域：人物、地点、事件和感受。然后让学生填写这些区域，提供相关的词汇或短语作为参考。这样可以帮助学生快速构思和组合故事情节，激发他们的想象力。

在每个区域中，可以给学生提供一些关键词或短语，用于引导他们填写。例如：

人物：勇敢的探险家、聪明的科学家、快乐的小孩、神秘的陌生人等。

地点：深秋的森林、星空下的沙漠、未来的城市、古老的废墟等。

事件：失落的宝藏、意外的相遇、逆转命运的决定、突破自我极限的挑战等。

感受：刺激的冒险、神秘的发现、无尽的可能性、深刻的思考等。

学生可以根据自己的想法和兴趣填写每个区域。填写完毕后，他们可以观察各个区域的内容，然后尝试将这些要素结合起来，构建一个故事情节。

（三）分组讨论

这个活动旨在培养学生的合作能力、创造思维和沟通能力。分组讨论可以激发学生之间的互动，并促使他们思考和表达自己的想法。

将学生分成小组。可以根据班级中的相似兴趣或互补能力来分组，鼓励学生与不同的同学合作，增强他们的团队合作意识。每个小组可以包含 3—5 名学生，这样可以保证每个成员都有参与的机会，并且能够有效地进行头脑风暴。

让每个小组选择一个主题。主题可以是与课程相关的问题，也可以是学生感兴趣的话题。鼓励学生提出各种不同的主题，以便帮助他们开拓思路和展开讨论。同时，老师也可以提供一些选题的建议，以确保主题的多样性和思考的深度。

一旦确定了主题，小组成员就可以开始进行头脑风暴。他们可以通过集体讨论、写下想法或者使用其他创意工具来产生和记录自己的想法。在规定的时间内，小组成员应该积极参与并尽可能多地提出各种观点和想法。头脑风暴的目的是鼓励学生自由发挥，并从多个角度思考问题。

最后，每个小组有机会分享他们的想法和选题。这可以通过展示、口头演讲或写作等形式进行。每个小组的成果都应该得到其他同学的尊重和倾听。老师可以指导学生如何清晰明了地表达自己的想法，并鼓励其他同学提出问题或给予反馈。分享环节不仅能够增加学生之间的交流，还能够培养他们的公共演讲能力和表达能力。

二、构思活动的实践

（一）列举关键词

要求学生先列举与选题相关的关键词或短语，然后根据这些关键词展开构思。例如，选题是"我的假期"，学生可以列举出"旅行""朋友""家庭"等与假期相关的关键词。

在构思活动方案时，我们可以根据这些关键词来设计具体内容和形式。以"我的假期"为主题，以下是一种可能的活动构思方案：

旅行分享会：邀请学生彼此分享自己最难忘的假期旅行经历。学生可以利用图片、文字或者口头描述的方式将自己的旅行经历与大家分享，并讲述其中的故事和感悟。这样可以激发学生对旅行的兴趣，同时促进他们的表达能力和沟通能力。

假期回忆展：组织学生参与一个展览活动，展示他们度过假期的照片、手工制作品或者其他有关假期的回忆物品。学生可以借此机会向其他同学展示自己的假期收获和体验，并与他人互相交流和交流意见。

家庭聚会活动：鼓励学生与家人一起举办一场特殊的家庭聚会活动，可以是一个烧烤、野餐或者户外运动等。通过与家人共同度过愉快的时光，学生可以增进彼此间的亲密感和理解，并促进家庭成员之间的交流和合作。

假期手账制作：引导学生制作自己的假期手账。他们可以用图片、文字、贴纸等方式记录下假期中的重要瞬间、感受和见闻。这不仅可以锻炼学生的观察力和记录能力，还可以让他们回顾和反思自己的假期经历。

通过以上的活动构思方案，学生可以积极参与并展示自己在假期中的所见所闻、所思所想。通过分享、展览、游戏等形式，他们不仅可以展示自己的经历，还能够与他人分享和交流，从中获得启发和收获。这样的活动不仅丰富了学生的假期生活，还促进了他们的交际能力、表达能力和合作意识的发展。

（二）角色扮演

角色扮演是一种有趣而有效的学习方法，可以帮助学生更深入地思考选题并从不同的视角进行构思。让我们以一个班级讨论为例，通过角色扮演来探讨环保问题。

让学生选择一个角色。可以包括政府官员、环保活动家、工业企业家、大众消费者等。每个角色都有自己的立场和目标，这将促使学生更好地理解不同利益相关者之间的观点和困境。

设定情境和目标。假设某个城市计划建设一个新的化工厂，但该厂可能会对当地环境造成污染。政府官员的目标可能是促进经济发展并提高就业率，环保活动家的目标可能是保护环境和居民的健康，工业企业家的目标可能是扩大业务并获得利润，大众消费者的目标可能是享受优质的生活和环境。

然后，思考该角色在选题下可能面临的问题和解决方案。政府官员可能面临的问题是如何平衡经济发展和环境保护的关系，他们可以通过制定严格的环保法规和监管措施来解决这个问题。环保活动家可能面临的问题是如何说服政府和企业采取更多的环保措施，他们可以通过组织示威活动、发起请愿书等来引起公众和媒体的关注。工业企业家可能面临的问题是如何在保证利润的同时减少对环境的污染，他们可以投资先进的环保设备和技术来改善生产过程。大众消费者可能面临的问题是如何在享受便利的同时减少对环境的负面影响，他们可以选择购买环保产品和支持可持续发展的企业。

通过角色扮演，学生可以更好地理解各方的利益和困境，并寻找解决方案来平衡不同的需求。同时，这种方法还可以培养学生的合作意识和思辨能力，使他们能够从多角度思考问题，并形成自己的独立观点。

三、教学实践指导

（一）教师示范

小学语文习作教学实践中，教师示范对于学生进行头脑风暴和构思活动非常重要。教师在课堂上选择一个启发性的习作题目，如"描述一个你最喜欢的季节"。接着，教师开始进行示范性的思考过程，以激发学生的灵感。

教师可以首先提醒学生回忆自己在这个季节里所看到、听到、感受到的事物，并鼓励他们用感官去感受这个季节。例如，春天的花朵绽放、鸟儿欢快的歌唱、微风拂面等。

随后，教师可以给出一些问题，鼓励学生深入思考。例如，询问学生对于这个季节的印象和感受，为什么喜欢这个季节，以及他们所喜欢的活动是否与这个季节有关等。

接下来，教师可以引导学生进行头脑风暴，激发他们的创造力。学生可以自由地提出他们的想法并进行描述。教师可以记录这些建议，以便后续讨论和整理。

在头脑风暴结束后，教师可以与学生一起分析和评估他们的想法。学生可以就每个描述的内容、语言表达的准确性、感受的真实性等方面展开讨论。通过这个过程，学生不仅可以了解如何进行头脑风暴和构思活动，还可以培养批判性意识和审美思维。

最后，教师可以选取一些学生优秀的描述作品进行分享。通过展示这些优秀的习作，教师可以帮助学生理解如何运用恰当的语言表达自己的想法，并激发其他学生的学习热情。

教师示范的目的是让学生看到思考和创作的过程，并从中汲取灵感。通过展示自己的思维过程，教师可以帮助学生理解如何产生创意，并开发出优秀的语文习作。这种示范对于激发学生的学习热情和提高他们的写作水平非常重要。

（二）创设写作环境

为了给学生提供一个有利于头脑风暴和构思的环境，教师可以采取一系列措施来创设适宜的写作环境。

1.专门时间段

在课堂中可以设置专门的时间段。这个时间段的目的是为了让学生有机会讨论主题、激发想象力，并鼓励他们自由地思考和记录他们的构思。

这个专门的时间段可以成为学生进行头脑风暴的机会。在课堂上，教师可以提出一个特定的主题或问题，然后鼓励学生集思广益地提出各种不同的想法和解决方案。通过这种合作和互动的方式，学生可以相互启发，产生更多创造性的想法。

这个时间段还可以激发学生的想象力。教师可以引导学生进行自由的思考，鼓励他们提出与主题相关的各种独特和创新的观点。在这个过程中，学生将被鼓励尝试不同的思维方式和方法，从而培养他们的想象力和创造力。

2.写作工具

为了更好地支持学生的头脑风暴和构思，可以向他们提供适当的写作工具，如纸张、笔记本等。学生可以使用这些工具来记录他们的构思和创意，以便后续的写作过程。

纸张和笔记本是传统的写作工具，它们简单易用，学生可以自由地在上面写下自己的构思。纸张的好处是可以画图、写字，甚至做一些涂鸦来表达自己的想法。而笔记本的好处是方便整理和保存，学生可以将不同的构思放在不同的页面上，更方便后续的写作过程。

提供适当的写作工具可以为学生创意构思提供更好的平台和支持，同时也能提高他们在写作过程中的效率和质量。这种支持不仅可以培养学生的创造性思维和表达能力，还可以帮助他们建立良好的写作习惯和技巧，为未来的学习和职业发展打下基础。

3.空间布置

可以为学生创造一个舒适、有趣和有创意的空间。教室里可以设置一块专门用于展示学生构思的墙面，在这里学生可以贴上自己的构思和创意，与其他同学共享和启发。这个展示墙可以充满活力，让学生可以随时查看和借鉴别人的思路，从而激发自己的写作灵感。

此外，教室里可以摆放一些艺术品、植物和灯光等来营造愉悦的氛围。艺术品可以是绘画、摄影作品或手工制品等，可以展示学生的创意和艺术才能。植物可以增加空气的新鲜度和绿色感，同时也有助于创造一个轻松和温馨的环境。灯光的选择也很重要，可以选择柔和的灯光来营造一个安静和舒适的写作氛围。

为学生提供这样的空间布置，可以帮助他们触发创新的思考和创造力的发挥。一个舒适、有趣和有创意的环境能够激发学生的好奇心和想象力，使他们更愿意去探索和表达自己的构思。这样的环境还能培养学生的审美意识和品位，提升他们对文学和文化的欣赏能力。

第三章 写作计划与组织阶段的教学方法与实践

第一节 教授写作结构和篇章组织技巧

教授小学生写作结构和篇章组织技巧是一项重要的任务。下面将详细介绍一些教学实践指导，帮助教师有效地教授小学生写作结构和篇章组织技巧。

一、了解写作结构的基本要素

写作结构是指组织一篇文章的框架和顺序，决定了文章的信息传递和逻辑关系。了解写作结构的基本要素对于提高文章的逻辑性和可读性至关重要。以下是写作结构的基本要素：

（一）开头

开头部分在文章中扮演着引子的角色，其作用是吸引读者的注意力并引入文章的主题。一个好的开头应该简洁明了，引人入胜。在小学语文习作中，可以通过概述相关的背景信息，引起读者对文章主题的兴趣。例如，如果写作主题是关于动物保护，可以改写开头如下："当我们走进丛林，听到大自然的心跳声，看见野生动物们的自由奔跑，我们就会意识到动物保护的重要性。"

通过提出引人思考的问题，可以引起读者思考并产生共鸣。例如，如果写作主题是关于友谊，可以改写开头如下："你有没有遇到过一个真正的朋友，他们可以和你分享快乐和悲伤，支持你成长，并在你需要的时候伸出援助之手？"

引用名言或故事可以增加文章的深度和文化内涵。例如，如果写作主题是关于勇气，可以改写开头如下："莎士比亚曾经说过：'不战胜自己，在以后将更加困难地战胜别人。'勇气就是战胜内心恐惧的力量。"

通过举例子来描述情景，可以引起读者的兴趣。例如，如果写作主题是关于环保，可以改写开头如下："想象一下，你走进公园，却到处是垃圾和污染。这让人感到难过，不是吗？那么，我们应该怎样保护环境呢？"

通过改写开头，我们可以更好地吸引读者的注意力并引入文章的主题。这种技巧可以帮助小学生写出更加吸引人的作文开头，增强文章的表达力和吸引力。

（二）主体部分

主体部分是文章的中心，用于详细阐述和展开论点或主题。选择合适的组织方式对于主体部分的撰写至关重要，可以根据具体需求选取按时间、空间或逻辑关系的顺序进行组织。但不管怎样选择组织方式，都需要确保论点的逻辑性和结构的清晰性。在主体部分中，段落的运用可以帮助划分不同的论点或观点，并确保每一段都有一个明确的主题。

举个例子，假设我们要写一篇关于环境污染的文章。在主体部分，我们可以使用按"问题—原因—解决方案"的逻辑关系进行组织。首先，我们可以讨论环境污染的问题，如空气污染、水污染和土壤污染等。接着，我们可以探讨导致环境污染的原因，如工业排放、车辆尾气和垃圾处理等。最后，我们可以提出一些解决环境污染问题的方案，如加强环保法律法规、推广清洁能源和鼓励公众参与等。

主体部分也可以按时间顺序进行组织。以历史事件为例，我们可以按照事件发生的先后顺序进行叙述，从而展示事件的发展过程和影响。这种组织方式适用于描述个人经历、科技进步或社会变革等主题。

根据空间关系进行组织也是一种有效的方式。比如，当我们描述一个地方时，可以按照地理位置或区域特点来组织文章的主体部分。通过这种方式，读者可以更清晰地了解这个地方的特点和特色。

无论选择哪种组织方式，都需要在主体部分中展开论点或主题，并提供详细的信息、事实和论据来支持观点。同时，合理运用段落来划分不同的论点或观点，并确保每一段都有一个明确的主题。这样写作出来的主体部分将更具逻辑性，结构也更清晰。

（三）结尾

在写作过程中，结尾部分起着承上启下的作用，它既要概括文章的主要内容和观点，也要给读者留下深刻的印象和引发思考。可以通过总结主要观点、提出建议或展望未来等方式来结束文章。

总结主要观点是一个常见且有效的结尾策略。在这种情况下，我们可以回顾文章中提到的关键论点和证据，并强调它们之间的联系和重要性。通过总结，读者可以更清楚地理解文章的核心思想，并加深对作者观点的认识。

另一种结束方式是提出建议。根据文章的主题和目的，我们可以根据之前讨论的问题或观点，提出解决问题或行动的建议。这样的结尾不仅能够给读者留下启发，还能让文章具有实际意义。例如，在环境污染的文章中，我们可以建议加强环保教育、倡导节能减排等措施。

展望未来是另一种常见的结尾方式。在这种情况下，我们可以探讨当前问题或观点可能带来的潜在影响，并对未来的发展进行短期或长期的展望。这样的结尾不仅给读者提供了对未来发展的思考，也为进一步的研究和行动提供了方向。

无论选择哪种结尾方式，都需要巧妙地与文章的主题和内容相呼应，并给读者留下深刻的印象。此外，结尾部分还可以通过运用修辞手法、引用名人名言或提出反问等方式，增强文章的说服力和吸引力。因此，在撰写结尾时，我们应该仔细考虑如何恰当地结束文章，并确保其与文章的主题和论点相一致。

二、引导学生进行写作规划

写作规划对于小学语文习作的成功非常重要。它能帮助学生在写作之前有一个清晰的思路和组织，使得文章内容连贯、有条理，并能更好地表达自己的观点。

写作规划是指在开始写作之前，对写作内容进行规划和组织。通过写作规划，学生可以更好地了解自己的写作目标，有针对性地展开写作，并避免在写作过程中迷失方向。以下是一个简单的五步写作规划示范：

第一步：确定写作主题

写作主题是文章的核心，是整篇文章围绕的中心思想。学生可以从老师给定的话题中选择一个感兴趣的主题，或者自己提出一个有意思的主题。例如，如果写作主题是"我最喜欢的季节"，那么学生可以选择春天、夏天、秋天或冬天中的一个来作为自己的写作主题。

第二步：明确中心思想

中心思想是整个文章的主旨，是在写作过程中要围绕和展开的核心观点。学生需要确定自己对所选主题的核心看法或观点。例如，在写作"我最喜欢的季节"时，学生可以选择春天，并确定自己认为春天最美丽的原因是花朵盛开、阳光明媚等。

第三步：列出关键观点

关键观点是在文章中用来证明和支持中心思想的具体细节和观点。学生可以列出两到三个跟中心思想相关的关键观点。在我们的例子中，学生可以列出关键观点如下：春天的花朵盛开美丽动人、春天的阳光明媚让人愉悦、春天的气温适宜户外活动等。

第四步：安排篇章结构

篇章结构是整个文章的组织框架，它包括引子、主体和结尾三个部分。学生需要明确每个部分的内容和次序，保证文章的逻辑性和行文连贯。在我们的例子中，学生可以通过描述春天的特点、个人经历或感受等来展开文章的主体部分，并在结尾处总结自己对春天的喜爱之情。

第五步：撰写提纲

提纲是写作规划的最后一步，通过提纲可以将整个写作过程安排得更加有序。学生可以根据前面确定的中心思想、关键观点和篇章结构，逐步展开提纲的每一个部分。例如，在我们的例子中，学生可以写下引子部分"介绍春天的特点""描述春天的花朵盛开美丽动人"等。

通过以上五个步骤，学生可以完成一个详细的写作规划，为接下来的写作提供了清晰的指导和方向。同时，教师在引导学生进行写作规划时，应提供示范提纲，并为学生解答问题和提供反馈。

三、引导学生使用过渡词和连接词

过渡词和连接词对于学生来说是非常重要的工具，它们能够有效地连接段落和句子之间的关系。教师可以通过教授学生常见的过渡词和连接词，比如"首先、其次、最后"等，来帮助学生提高他们的写作技巧。

（一）提供常见的过渡词与连接词

教师可以给学生提供一些常见的过渡词和连接词的列表，并解释它们的用法和意义。例如，"首先"可以用来表示一个观点或事实的第一个方面，"其次"可用于引出第二个方面，"最后"则用于表示最后一个方面。教师还可以告诉学生这些词在不同语境中的替代词，以帮助他们扩展自己的表达能力。以下是一些常见的过渡词与连接词：

1.表示时间的过渡词：首先，其次，然后，接着，最后；

2.表示空间的过渡词：在前面，在后面，旁边，对面，里面，外面；

3.表示顺序的过渡词：第一，第二，最重要的是；

4.表示比较的过渡词：与……相比，与……不同，类似于，同样重要的是；

5.表示因果关系的过渡词：因此，所以，由于，结果，导致；

6.表示对比的过渡词：然而，但是，与此相反；

7.表示列举的过渡词：例如，比如，包括，还有；

8.表示总结的过渡词：总的来说，简而言之，综上所述。

以上这些词汇可以帮助学生在写作时更流畅地过渡和连接不同段落或观点之间。学生可以根据自己的需要选择适当的过渡词与连接词，并根据上下文中的逻辑关系来确定使用的过渡词。同时，学生也要注意过渡词的正确使用和搭配，避免过度使用或错误使用而影响文章的逻辑性和连贯性。

通过提供这些常见的过渡词与连接词，教师可以帮助学生提高写作的连贯性和逻辑性，使文章更具有条理和表达力。学生可以在写作中灵活运用这些过渡词与连接词，使自己的思想更清晰地传达给读者。

（二）示范如何使用

教师可以通过示范的方式来展示如何使用这些过渡词和连接词。在写作过程中，教师可以向学生展示如何使用这些词语来连接不同的观点和论据。例如，

"首先，我们需要明确问题的定义"，"其次，我们可以探讨其影响因素"，"最后，我们可以得出结论并提出解决方案"。

这些过渡词和连接词可以帮助学生更清晰地表达自己的观点和论据。通过使用这些词语，学生可以将不同的观点和论据有机地连接起来，使文章的结构更加紧凑合理。教师可以通过示范的方式来展示如何使用这些过渡词和连接词，让学生在实践中更好地掌握它们的用法。

在教学过程中，教师可以给予学生一些写作任务，然后通过演示的方式来展示如何使用过渡词和连接词来组织自己的段落和论证。例如，教师可以选择一个话题，比如环境污染，然后要求学生写一篇关于环境污染问题及其解决方案的文章。在示范中，教师可以通过使用过渡词和连接词来引导学生，如首先介绍环境污染问题的背景和定义，然后引出导致环境污染的主要原因，并提出相应的解决方案等。

通过示范的方式，学生可以从实际的例子中理解和掌握这些过渡词和连接词的用法。教师还可以给予学生一些练习机会，让他们在写作时尝试使用这些过渡词和连接词，进一步巩固所学知识。在练习过程中，教师可以提供反馈和指导，帮助学生加深对这些词语的理解，并引导他们逐渐培养起自己灵活运用这些词语的能力。

（三）设计练习帮助学生巩固

教师可以设计一些练习来帮助学生巩固使用过渡词和连接词的能力。以下是一些练习方式：

1.填空练习

给出一段文章，其中缺少过渡词和连接词。要求学生根据文章的内容和逻辑关系，选择合适的过渡词和连接词填入空白处，使文章更加连贯、有条理。这个练习可以培养学生在真实的写作情境中应用过渡词和连接词的能力。

2.句子改写

给学生一些简单的句子，要求他们改写这些句子，使用适当的过渡词和连接词来连接不同的观点、论据或信息。通过这个练习，学生可以锻炼将简单的句子组织成复杂的句子，使文章的逻辑关系更加明确。

3.文章重组

给学生一篇文章，要求他们重新组织文章的结构，使用过渡词和连接词来调整段落之间的关系，使文章的结构更加紧凑合理。这个练习可以培养学生整体思维和组织文章结构的能力，并让他们意识到过渡词和连接词在文章结构中的重要性。

4.写作任务

给学生一个写作任务，要求他们在文章中使用过渡词和连接词来连接不同的观点和论据。教师可以提供一些相关的论据和观点，指导学生如何使用过渡词和连接词来表达自己的观点，并使文章的结构更加清晰。

通过这些练习，学生可以不断地练习和应用过渡词和连接词，提升自己的写作能力。教师也要给予学生反馈和指导，帮助他们理解和纠正错误，并进一步加强对过渡词和连接词的理解和应用能力。

最后，教师在评阅学生的作文时，可以针对学生是否正确使用了过渡词和连接词给予相应的反馈。这样可以帮助学生意识到自己的不足之处，并进一步改进自己的写作技巧。教师还可以提供一些优秀范文，让学生参考其中的过渡词和连接词的使用方式，以便他们更好地理解和运用。

第二节　培养学生整理思路和编写提纲的能力

培养小学生语文整理思路和编写提纲的能力是一项重要而有意义的教育任务。通过这样的培养，不仅可以提高学生的语文表达能力，还能够培养他们的逻辑思维和组织能力。

一、注重阅读与写作的结合

注重阅读与写作的结合是培养小学生整理思路和编写提纲能力的一种有效方法。通过阅读不同类型的文章，学生可以模仿和借鉴作者的写作风格和思路，在实践中逐渐提升自己的写作能力。

（一）选择适合小学生阅读的书籍和材料

选择适合小学生阅读的书籍和材料是培养他们整理思路和编写提纲能力的重要一环。教师需要综合考虑学生的年龄段、兴趣爱好和阅读水平，精心挑选适合他们阅读的内容。

对于小学生来说，儿童文学作品是非常适合的阅读材料。这些书籍通常以简单、活泼、富有想象力的故事为主题，吸引学生的注意力并培养他们的阅读兴趣。同时，这类作品也有助于培养学生的情感认知和价值观念。例如，著名童话作家安徒生的作品、格林童话、《神奇树屋系列》等都是很受小学生欢迎的儿童文学作品。

科普读物是培养小学生阅读和思考能力的好选择。科普读物通常涉及各个领域的知识，如自然科学、历史地理、动植物世界等，能够满足学生对新奇事物的好奇心，并从中学到知识。比如，《小猪佩奇探索系列》《科学小达人系列》等科普读物可以让学生在阅读的过程中了解到科学知识，并学会整理思路和抓住重点。

经典故事也是培养小学生整理思路和编写提纲能力的好素材。这些故事如《西游记》《红楼梦》等具有深厚的文化底蕴和鲜明的人物形象，能够引发学生对于情节和人物性格的思考，从而提升他们的整理思路和提炼主题的能力。

历史传记也是值得推荐给小学生阅读的一类书籍。历史传记可以帮助学生了解历史上的伟人和事件，启发他们思考人物的成长经历和对社会的贡献。例如，《爱迪生传记》《孙中山传记》等都是适合小学生阅读的历史传记作品。

教师还可以引导学生关注报纸、杂志和网络上的优秀文章。这些文章可能涵盖了时事、人文、科技等方面的内容，有助于学生对不同主题的整理思路和编写提纲能力的培养。教师可以选择适合小学生阅读的报纸杂志或推荐一些可信赖的网站，让学生从中获取信息并进行积极的阅读和思考。

（二）引导学生在阅读过程中进行思考和总结

教师可以设计问题让学生思考和回答。这些问题可以涉及文本的细节、情节发展、人物形象、主题等方面。例如，对于一个故事，可以问学生主要角色的性格特点、故事中的转折点、故事背景的重要元素等。通过回答这些问题，学生需要仔细思考文本细节，将自己的理解和观察总结起来。

让学生表达自己的观点和感想也是培养整理思路和提炼主要内容能力的重要方式。学生可以用自己的语言描述故事中的场景或人物形象，表达对故事的喜爱或不喜欢之处。同时，鼓励学生提出自己的见解和分析，如对故事主题的理解或对作者意图的推测。通过表达自己的观点和感想，学生能够加深对于文本的理解，并锻炼整理思路和准确表达的能力。

学生还可以尝试用简洁明了的语言总结故事的主题、情节发展或人物形象等重要内容。通过概括，学生需要筛选出文本中最关键的信息，并将其有条理地组织起来。这样的练习可以帮助学生培养提炼信息和整理思路的能力，为后续的写作做好准备。

（三）注重反思和回顾

教师可以定期与学生一起回顾所学的阅读和写作经验，鼓励他们总结自己的成长和进步，并给予积极的反馈和鼓励。

教师可以组织学生进行课堂讨论或小组分享，让他们有机会回顾自己的阅读和写作经历。学生可以分享自己喜欢的作品、遇到的挑战以及解决问题的方法。通过讨论和分享，学生可以从彼此的经验中吸取启发，加深对于整理思路和编写提纲的理解。

教师可以设计一些反思性的问题，引导学生回顾自己的学习过程。例如，问学生在写作过程中遇到了哪些困难，怎么克服的；问学生最近读过的一本书的主题或关键信息是什么等。通过回答这些问题，学生将思考自己在整理思路和编写提纲方面的成长和进步，同时也能够发现自己还需要改进的地方。

教师应该定期给予学生积极的反馈和鼓励，让他们感受到自己的努力和进步。教师可以赞扬学生在整理思路和编写提纲方面取得的成就，并指出他们改进的地方。同时，教师也可以为学生提供一些建议和策略，帮助他们进一步提升自己的能力。通过积极的反馈和鼓励，学生会更加有动力去继续努力和改进。

二、教授整理思路的方法

整理思路是一项关键的学习和写作技能，它可以帮助我们更好地组织我们的想法、清晰地表达我们的观点，以及有效地解决问题。以下是一些教授整理思路的方法，适用于小学生：

（一）阅读与理解

在教授小学生整理思路中，阅读与理解起着至关重要的作用。因此，我们要鼓励小学生在阅读过程中注重理解主题和内容，并帮助他们提取关键信息，同时培养分析问题和归纳概括的能力。

教师可以选择适合孩子年龄的文学作品或故事书，引导他们认真阅读并参与讨论。在阅读之前，可以提出一些问题，让学生思考并预测故事的发展。在阅读过程中，教师可以指导学生注意故事的背景、人物特点和情节转折等重要元素。通过理解这些要素，学生可以更好地把握故事的主题和情节发展。

教师应该帮助学生提取关键信息。教师可以教授学生使用标记和笔记的方法，在阅读时把关键信息记录下来。例如，学生可以用不同颜色的荧光笔标记关键词句，或者在书本旁边做简洁的笔记。这样可以帮助学生更好地识别和记住重要信息，为后续的整理提供便利。

同时，我们也要培养学生分析问题和归纳概括的能力。在阅读过程中，教师可以引导学生思考一些问题，如故事的主题是什么、为什么人物会做出某种选择等。通过这样的问题引导，学生可以深入思考、理解故事中的复杂情节，并从中总结出关键信息和重要观点。

在进行讨论和回答问题时，教师要鼓励学生用自己的话来表达想法，逐步培养他们分析问题、归纳概括的能力。教师可以指导学生将看似繁杂的信息归类整理，形成简明扼要的概括式表达。这有助于学生更好地组织自己的思维和表达观点。

（二）使用思维导图

使用思维导图是一种有效的方法，这个过程能够帮助他们组织思维、扩展想象力，并提高逻辑思维和连贯性。

教师可以先示范给出一个中心主题，如"我的暑假计划"。然后，让学生在思维导图的中心位置写下这个主题。接着，鼓励学生围绕这个主题列出相关的子主题和关键点，如旅游、阅读、运动等。每个子主题再继续延伸，学生可以在其下方写下更多的细节和具体内容。

通过制作思维导图，学生可以清晰地看到各个主题之间的关联，有助于他们形成完整的思维脉络。同时，思维导图也是一种视觉化的工具，可以激发学生的创造力和思维灵感。他们可以自由地增加新的分支或补充细节，不断丰富思维导图的内容。

在使用思维导图的过程中，教师应该给予学生积极的指导和支持。例如，可以提供一些引导性的问题，帮助学生思考如何展开每个子主题，以及如何将细节有机地组织起来。同时，教师也可以与学生进行讨论，激发他们的思维和想象力，帮助他们更好地理解和表达自己的想法。

在完成思维导图后，学生可以利用它来编写提纲。他们可以根据思维导图中的主题和关键点，逐步整理出文章的结构和内容安排。

（三）用关键词和短语记录

教导学生利用关键词和短语这种方法可以帮助学生快速捕捉自己的思路，准确表达意思，并有效地组织自己的写作。

教师可以向学生解释什么是关键词和短语。关键词是指能够概括主要观点或内容的单个词汇，而短语是由一组相关词汇组成的短句。通过使用关键词和短语，学生可以将复杂的思想和信息简化成简明扼要的形式。

教师可以示范给学生如何使用关键词和短语记录自己的想法。例如，在进行主题为"我的理想职业"的讨论时，教师可以引导学生列出与该主题相关的关键词，如"医生""教师""科学家"等。学生可以在每个关键词旁边添加一些与之相关的短语，如"治疗病人""传授知识""进行科学实验"等。这样，学生就可以清晰地了解到不同职业的特点和任务，为后续的写作提供了基础素材。

在实践中，教师可以给学生一些练习机会，要求他们利用关键词和短语记录自己的想法。例如，在进行一篇作文的准备时，学生可以先列出与主题相关的关键词，再逐步扩展为短语，并按照逻辑顺序组织它们。这样，学生可以快速构建全文的框架和内容，并确保思路清晰、表达准确。

除了教导学生使用关键词和短语记录想法之外，教师还可以鼓励学生在写作过程中运用这种方法。学生可以将关键词和短语作为写作大纲的一部分，以便在写作时更好地组织和安排思路。他们可以根据大纲中的关键词和短语来展开具体的观点和例证，从而形成连贯且有逻辑性的文章。

（四）提问和回答

通过提问和回答问题的方式，可以激发学生思考和整理自己的观点。教师可以帮助学生明确问题的关键点，并指导他们以条理清晰的回答进行表达。

教师可以提出引导性问题，帮助学生思考和探索问题的关键点。例如，在讨论一个社会问题时，教师可以问："你认为这个问题的原因是什么？""有哪些解决这个问题的方法？"采用这种方式，鼓励学生从多个角度思考并准确把握问题的本质。

教师可以引导学生以条理清晰的方式回答问题。学生可以先概括性地回答问题，然后逐步展开详细的观点。在回答过程中，教师可以提醒学生注意观点之间的逻辑关系，确保回答连贯且合乎逻辑。

此外，教师还可以鼓励学生互相提问和回答。学生可以在小组或全班的讨论中向其他同学提问，并倾听他们的回答。通过这样的互动，学生不仅可以锻炼自己的思维能力和表达能力，还可以从其他同学的回答中获取新的观点和信息。

通过提问和回答的过程，学生能够对问题有更深入的思考，并整理出自己的观点。这种互动式的学习方式可以激发学生的主动性和创造力，培养他们批判性思维和分析问题的能力。

（五）练习打草稿

鼓励学生在写作前先打草稿是一个非常重要的练习。草稿的撰写可以帮助学生整理思路、检查逻辑关系和修改不完善之处。这是一个提高写作质量和效率的关键步骤。

打草稿可以帮助学生整理思路。在写作之前，学生可能会有很多想法或观点，但这些想法可能还没有被组织起来。通过打草稿，学生可以将零散的观点逐步整合成有条理的结构。他们可以在草稿中列出主题句和支持性论据，将各部分进行安排，并确保观点之间的逻辑关系清晰明了。

打草稿可以帮助学生检查逻辑关系。在写作过程中，学生可能会出现思考混乱或观点不一致的情况。通过打草稿，学生可以更好地审视自己的思考和表达是否符合逻辑。他们可以检查每个段落和每个论据的连贯性和一致性，以确保文章的逻辑关系流畅自然。

打草稿还可以帮助学生修改不完善之处。在初稿中，学生可能会有一些未表达清楚或不够完善的地方。通过打草稿，他们可以发现并修正这些问题。学生可以仔细审查每个段落和句子，检查语言的准确性、表达的清晰度和论证的充实性。他们还可以思考如何改进自己的观点和提供更有说服力的证据。

在练习打草稿时，教师可以鼓励学生进行多次修改和改进，帮助他们了解如何通过打草稿来提高整体的写作质量。同时，教师还可以与学生一起讨论和分析草稿中存在的问题，并提供具体的建议和指导，以促使学生更好地改进自己的写作技巧。

三、培养编写提纲能力

在中国教育体系中，语文习作是培养小学生语言表达和写作能力的重要环节。而编写提纲是习作的一项关键技能，它可以帮助学生组织思路，明确文章结构，使得习作更加有条理和连贯。

（一）强调阅读理解能力

1.课堂上的朗读活动

课堂上的朗读活动是一种有效的提高阅读理解能力的方法。在这个活动中，老师会组织学生有序地逐段读出文章的内容，并通过声音、抑扬顿挫等手法来传达文章中所包含的情感和意义。

朗读活动能够帮助学生提高阅读速度和流畅度。通过反复的朗读，学生可以逐渐熟悉文章的表达方式和语言风格，从而使他们在平时的阅读中能够更加迅速地理解和掌握文章的内容。

朗读活动有助于培养学生对语音语调的敏感性。在朗读过程中，学生需要通过使用适当的声音、重音和语气来传达文章中不同句子和段落的情感和意义。这样的练习可以让学生更加灵活地运用声音表达不同的情感和意图，提升他们的口语表达能力。

朗读活动还可以帮助学生更好地理解文章的隐含信息和修辞手法。在朗读过程中，学生需要仔细理解并传达文章中的各种修辞手法。通过朗读活动，学生可以更深入地理解这些修辞手法对文章的意义和效果产生的影响，进一步提升阅读理解能力。

2.阅读策略指导

教师可以通过向学生传授一些阅读策略来提高他们的阅读理解能力。这些策略包括预测、提问、概括和推理等。

预测是一个重要的阅读策略。学生可以在阅读前尝试预测文章的主题和内容。通过阅读标题、段落开头和插图等信息，他们可以猜测文章的大致内容，并建立起对这个话题的初步认识。这样的预测可以帮助学生在阅读过程中更有针对性地寻找相关信息，从而提高阅读效率和理解质量。

提问是激发学生思考的有效策略。学生可以在阅读过程中不断提问自己，例如："作者想要表达什么观点？""这个事实是如何支持作者的观点的？"通过提问，学生能够更深入地思考文章的意义和目的，并在阅读中建立起问题驱动的思维模式，提高阅读的深度和广度。

概括也是一个重要的阅读策略。学生可以通过概括来总结和理解文章的要点。在阅读过程中，他们可以将每个段落或小节的主旨通过简洁、准确的语言进行总结。这样的概括有助于学生整合和记忆文章中的重要信息，并提升对文章结构和组织的理解。

推理是一种帮助学生揣测作者意图和观点的策略。通过分析文章中的事实、细节和推理线索，学生可以尝试从作者的角度思考，并猜测出作者可能的意图和观点。这样的推理有助于学生深入理解文章背后的思考方式和逻辑，提高阅读的批判性思维能力。

教师在传授这些阅读策略时，可以先进行示范和解释，然后引导学生在实际阅读中应用这些策略。同时，老师还可以提供相关练习和反馈，帮助学生逐步掌握和运用这些策略，提高他们的阅读理解能力。

3.阅读理解练习

老师可以设计一些针对性的阅读理解练习，以帮助学生提高他们的阅读能力。这些练习可以在课堂上或课后进行，包括选择题、填空题和判断题等不同形式，要求学生根据文章理解并提取关键信息。

对于选择题，老师可以根据文章内容设计相关问题，让学生从多个选项中选择最符合文章意思的答案。这种练习要求学生仔细阅读文章，并通过推理和分析准确选择正确答案。选择题练习能够帮助学生培养快速浏览和筛选信息的技巧，同时加强他们对文章细节和主要观点的理解。

填空题是另一种常见的阅读理解练习形式。学生需要根据文章的上下文和语境，选择适当的词或短语来填入空缺处。通过填空题的练习，学生需要全面理解文章的意义和结构，同时增强他们对各种词汇和表达方式的认识和运用能力。

判断题也是一个有益的阅读理解练习形式。学生需要根据文章内容判断给定的陈述是否符合事实。这种练习要求学生在阅读过程中仔细辨析文章信息，提升他们对文章细节和观点的理解力，并培养他们的判断和推理能力。

在进行这些练习时，教师应根据学生的年龄和水平调整题目的难度，并提供适当的指导和反馈。例如，老师可以讲解正确答案的原因和依据，纠正学生在理解或运用上的错误。此外，老师还可以鼓励学生分享自己的解题思路和策略，促进互相学习和合作。

4.阅读小组讨论

组织学生在小组内进行阅读材料的讨论是一个非常有效的方法，可以促进学生之间的互动和合作。在这种活动中，学生可以相互交流彼此的理解和观点，共同探讨文章的含义和深层次思想。

小组讨论能够激发学生的思考和表达能力。通过与同学一起讨论，学生可以分享自己对文章的理解和感受，同时倾听他人的不同观点。这样的互动可以帮助学生扩展视野，开阔思路，并从不同的角度思考问题，提高他们的思辨能力和逻辑思维能力。

小组讨论可以加深学生对文章整体把握的能力。在小组中，学生可以共同探讨文章的主题、结构和发展，并深入分析其中的细节和意义。他们可以就作者使用的语言和修辞手法展开讨论，推测作者的意图和目的。这样的讨论能够帮助学生更好地理解并把握文章的整体思想和主旨。

小组讨论还能够培养学生的合作与沟通能力。在小组活动中，学生需要相互倾听和尊重他人的观点，同时表达自己的观点，并就不同意见进行理性讨论。通过这样的合作与沟通，学生能够提升团队合作、交流和解决问题的能力，培养良好的学术氛围与合作精神。

为了有效组织小组讨论，教师可以设定明确的讨论方向和问题，引导学生在讨论中深入思考和交流。同时，老师也可以扮演着监督和指导的角色，确保讨论的质量和效果。

（二）多样化写作练习

除了课堂上的写作练习，学生可以通过多样化的写作任务来提高编写提纲的能力。这些任务包括根据图片或段落内容进行概括性提纲的编写，以及小组合作写作并共同编写提纲等。

1.根据图片或段落内容进行概括性提纲编写

教师可以通过给学生一张图片或一个简短的段落描述的方式，引导学生提取核心信息，并编写概括性提纲。这种练习可以锻炼学生的归纳与概括能力，培养他们抓住重点的技巧，并提高他们的思维逻辑和语言组织能力。

在这个任务中，教师可以选择一些有趣或具有情感共鸣的图片或段落内容，让学生先观察或阅读，并理解其中的主要观点和关键细节。接着，教师可以要求学生用简洁明了的方式总结这些主要观点和关键细节，并将其整理成一个提纲。

为了帮助学生更好地完成这个任务，教师可以提供一些建议或指导。例如，教师可以鼓励学生使用关键词和短语来表达主要观点和关键细节，以保持提纲的简洁性。此外，教师还可以提醒学生注意逻辑和结构的合理性，使提纲的内容有条理且易于理解。

2.小组合作共同编写提纲

教师可以组织学生进行小组合作写作的活动，让他们在合作过程中相互交流、协商，并共同编写提纲。这样的练习可以培养学生的团队合作精神、沟通能力和协调技巧，同时提高他们的编写提纲的能力。

在这个任务中，教师可以将学生分成小组，每个小组负责编写提纲的不同部分。例如，一个小组负责整体结构的提纲，另一个小组负责主要观点的提纲，还有一个小组负责支持细节的提纲。每个小组成员可以根据自己的兴趣和专长来分工合作，然后在合作的过程中互相交流和协商，将各自的想法有机地融合在一起。

在小组合作写作的过程中，学生需要学会倾听和理解彼此的观点，表达自己的意见并寻求共识。他们可以通过讨论和互动来完善提纲的内容和结构，确保各个部分之间的逻辑连贯性和一致性。这种合作性的写作练习不仅锻炼了学生的合作能力，还激发了他们的创造力和批判思维能力。

在教师引导下，学生可以学会如何有效地协调和管理小组合作写作的过程。他们需要设定明确的目标和时间安排，分配任务并跟进进展，同时培养自己的责任心和团队精神。这样的实践不仅提高了学生的写作技能，还培养了他们组织、沟通和领导能力，为将来的职场和社交环境做好准备。

除了以上方法，教师还可以鼓励学生参与写作竞赛或展示活动，要求他们准备并呈现自己的提纲。学生可以选择自己感兴趣的话题，编写出精练而清晰的提纲，并在比赛或展示中展示给其他人。这样的活动可以激发学生的写作热情，让他们更加努力地提高编写提纲的能力，并从中获得反馈和奖励。

通过多样化的写作任务，学生可以锻炼他们编写提纲的能力。这些任务不仅可以促进学生的思维发展和语言表达能力，还能培养他们的团队合作意识。同时，及时的反馈和奖励也是激励学生继续努力的重要因素。通过这些多样化的写作任务，学生可以不断提高编写提纲的技巧，并在写作过程中获得更多的成就感和乐趣。

（三）反馈和修改

在学生完成习作后，老师可以对他们的提纲进行评价和指导。通过提供具体的反馈意见，并与学生一起进行修订和改进，可以帮助学生更好地理解如何编写一个有效的提纲。

老师可以对学生的提纲进行整体评估，检查其内容是否准确、连贯和有逻辑性。提醒学生核心观点是否明确，并且每个段落或部分的核心观点是否能够清晰传达。

检查提纲中的信息是否按照合适的逻辑顺序排列。根据文章的主题和结构，指导学生调整和重新组织提纲的各个部分。确保提纲中的每个观点都得到了充分的细节支持。提醒学生添加例子、证据或引用来增强提纲的可信度和说服力。

老师还可以针对学生的个人写作风格和技巧提供一些个性化的建议和指导。

要鼓励学生使用简练而清晰的语言，避免冗长和啰唆的表达方式。并检查提纲中的语法错误或拼写错误，并指导学生进行纠正。强调语法和拼写对于提纲的准确性和可读性的重要性。还要帮助学生改进提纲中句子和段落之间的过渡和连接，以确保整体文本的连贯性和流畅度。

除了提供反馈意见外，老师还可以与学生一起进行修订和修改。通过与学生的互动合作，老师可以引导他们思考如何改进提纲，并鼓励他们尝试不同的写作技巧和结构。同时，老师也可以提供一些范例和模板，帮助学生更好地理解和应用提纲的相关概念和技巧。

（四）培养写作兴趣

培养学生对写作的兴趣是激发他们投入时间和精力的关键。为了实现这一目标，老师可以运用多种方式来增加学生对写作的乐趣和动力，如讲述有趣的故事、举办写作比赛等。

1.讲述有趣的故事

讲述有趣的故事可以激发学生对写作的兴趣。教师可以以幽默、引人入胜的方式分享自己或其他人的写作经历，包括创作的灵感来源、有趣的写作过程，以及面对挑战时的应对方法等。这些故事可以帮助学生理解写作的乐趣和魅力，激发他们产生对写作的好奇心。

通过讲述真实或虚构的有趣故事，教师可以引导学生在写作中表达自己的想象力。教师可以邀请学生参与故事情节的设计和编写，让他们尝试不同的角色、场景和结局。这样的活动可以激发学生的思维活跃性，培养他们的故事叙述能力，并增强他们对写作的兴趣。

教师可以选取一些富有趣味性和情感共鸣的文学作品，与学生一起阅读和分析。通过与学生一起欣赏和讨论这些作品，教师可以激发学生对文学和写作的兴趣。学生可以体验到作者的独特叙事风格和情感表达方式，从中汲取灵感，并尝试运用到自己的写作实践中。

在讲述有趣故事的过程中，教师还可以与学生互动，鼓励他们分享自己的写作经验、想法和成果。教师可以提供积极的反馈和鼓励，激发学生对写作的自信心，并建立起一个积极支持的写作社区。这样可以增强学生的参与感和归属感，培养他们对写作的兴趣与热爱。

2.举办写作比赛

举办写作比赛是培养学生写作兴趣的一个有效途径。这样的比赛能够为学生提供展示自己写作才华的机会，并给予他们认可和奖励。教师可以组织各种类型的写作比赛，如短篇故事、诗歌创作等，以满足学生的不同兴趣和才能。

比赛的设置应该具有一定的挑战性和吸引力，激发学生的创造力和竞争欲望。教师可以设定比赛的主题、字数限制，甚至要求学生运用特定的写作技巧或结构等，以鼓励学生在写作中展现出自己独特的才华和创意。这样的挑战性设置可以激发学生的积极性和投入度，培养他们对写作的兴趣。

比赛需要公平公正地评选获奖者，并给予他们适当的认可和奖励。教师可以邀请其他老师、作家或专业人士担任评委，对参赛作品进行评审和评价。同时，可以在学校内或社区内举办颁奖典礼，为获奖学生颁发证书、奖品或奖金等。这样的认可和奖励可以激励学生不断提升自己的写作水平，并对写作保持兴趣和热情。

此外，比赛的过程也可以促进学生之间的互动和合作。教师可以鼓励学生在比赛中互相交流和分享他们的写作经验、技巧和灵感来源。学生可以从其他同学的作品中获取启发和灵感，不断提升自己的写作技能和水平。

最后，教师还可以利用比赛中的优秀作品进行展示和分享，以激发更多学生对写作的兴趣。可以在学校内刊物、网站或社交媒体上发布获奖作品，并举行文学赏析会或朗诵会等活动，让更多的学生受到鼓舞和启发。

第三节 引导学生制订清晰的写作计划和时间安排

制订清晰的写作计划和时间安排对小学生来说，是提高写作效率和质量的关键。下面是一个适用于学生的制订写作计划和时间安排的步骤。

第一步：明确写作任务

要让学生明确自己要写作的任务是什么，如写一篇关于自己喜欢的动物的作文。确保他们理解题目，并且明白要表达什么内容。在明确写作任务时，可以引导学生思考以下问题：

自己最喜欢的动物是什么？为什么喜欢这个动物？这个动物的外貌特征有哪些？这个动物的生活习性如何？这个动物的食物和饮水习惯是怎样的？

通过回答这些问题，学生能够明确自己要写作的内容和观点。这有助于他们准备好素材和构思文章。

例如，如果一个学生最喜欢狗，他可以写一篇关于自己喜欢狗的作文。那么他就可以在明确写作任务后，思考为什么喜欢狗，描述狗的外貌特征，介绍狗的生活习性，以及谈论狗喜欢吃的食物和饮水习惯等。

确保学生理解题目并明确要表达的内容是成功起步的关键。这样能帮助他们明确方向，有针对性地收集素材，并更好地组织和展开文章。

第二步：列出写作要点

帮助学生列出写作要点，可以按照时间顺序或者主题分类进行组织。例如，对于动物作文，要点可以包括外貌特征、生活习性、喜好食物等。在帮助学生列出写作要点时，可以引导他们思考以下问题：

这个动物的外貌特征有哪些？例如，体型、毛色、尾巴等。这个动物的生活习性是怎样的？例如，它们生活在哪种环境、行为习惯如何等。这个动物的喜好食物有哪些？例如，它们喜欢吃什么类型的食物，有特殊的饮食习惯吗？

通过回答这些问题，学生就可以得到一些具体的写作要点。接下来，可以根据这些要点进行组织和展开文章。例如，如果一个学生选择写关于狗的作文，他可以列出以下写作要点：

外貌特征：如毛色、体型、耳朵形状等。

生活习性：如狗是群居动物、喜欢与人类互动、运动能力强等。

食物习惯：如狗属于杂食动物，喜欢吃肉类和谷物。

通过列出写作要点，学生可以明确自己要在文章中介绍的内容。这有助于他们在写作过程中更好地组织思路，确保文章结构清晰、内容丰富。同时，它也能帮助小学生集中精力撰写每个要点，并将其顺序合理地展开。

第三步：制定大纲

根据写作要点，帮助小学生制定一个简单的大纲。大纲可以包括引言、主体段落和结尾。每个部分都要明确写作内容和思路。例如，针对写关于狗的作文，一个简单的大纲可能如下所示。

引言：

引出主题，例如，描述自己与狗的亲密关系或者激发读者对狗的兴趣。

提供背景信息，例如，介绍狗是一种忠诚友好的动物，被人类驯养已久。

主体段落：

外貌特征，描述狗的外貌特征，如毛色、体型和耳朵形状等。

生活习性，介绍狗是群居动物，喜欢与人类互动，并提供支持这些观点的例子或故事。

食物习惯，说明狗是杂食动物，喜欢吃肉类和谷物，给出一些常见的食物选择。

结尾：

总结全文要点，并重申自己喜欢狗的原因，例如它们的忠诚和友好性。也可以分享一个自己与狗有趣的互动故事，或者提醒读者保护和关爱动物。

制定大纲可以帮助学生组织思路，确保文章结构清晰、内容连贯。同时，它还能让小学生在写作过程中有一个明确的指导，更容易展开每个部分的写作内容。

第四步：制定时间安排

根据学生的写作能力和时间限制，制定一个合理的时间安排。可以将整个写作过程分为几个阶段，并确定每个阶段需要花费的时间。这样可以帮助小学生掌握时间，避免拖延和赶工。在制定时间安排时，可以考虑以下几个因素：

了解学生的写作速度和能力水平：观察学生在之前的写作任务中所花费的时间，了解他们的写作速度和能力水平；根据实际情况适当留出更多或较少的时间供他们进行写作。

分配每个阶段的时间：将整个写作过程划分为几个阶段，如素材收集、大纲制定、草稿撰写、修改润色等；为每个阶段分配适当的时间，确保完成相应的任务。

灵活调整时间安排：留出额外的时间用于紧急情况、意外事件或提前完成任务后的休息或复习；如果学生对某个部分遇到困难，可以适当调整时间安排，给予他们更多的支持和指导。

提醒学生合理分配时间：强调每个阶段的重要性和需要花费的时间，帮助他们树立正确的时间观念；鼓励学生在规定的时间内集中精力完成任务，避免拖延或赶工。

第五步：留出时间进行修改和润色

提醒学生在写作时间安排中留出足够的时间进行修改和润色。这是提高文章质量的重要环节。

留出适当的时间：提醒学生在完成草稿后，留出足够的时间进行修改和润色；建议为这个阶段安排单独的一段时间，以便能够集中精力仔细检查和改进文章。

仔细审查文章：鼓励学生仔细阅读整篇文章，注意语法错误、标点符号使用是否正确以及句子是否通顺；检查每个段落是否有明确的主题句和合理的过渡句，确保文章结构和逻辑连贯。

查找并修正错误：帮助学生发现和纠正拼写错误、语法错误和表达不清晰的地方；引导他们使用字典、参考资料或寻求帮助来解决他们遇到的问题。

改进句子和段落：提醒学生思考如何改进句子和段落的表达方式，使其更加准确、生动或流畅；鼓励他们寻找合适的词语和句子结构来丰富文章内容，并避免重复和啰唆的表达。

找到意见和建议：鼓励学生向老师、家长或同学征求意见和建议，以获取对文章整体质量和改进方向的反馈；帮助他们理解并积极回应他人提出的建议，以提高自己的写作技巧和思维能力。

通过留出足够的时间进行修改和润色，学生可以对自己的文章进行全面检查和改进，提高文章的质量和可读性。这也是一个培养写作习惯和重视细节的重要环节。同时，鼓励他们不要急于完成，而是关注质量和精益求精的态度，以获得更好的写作成果。

第六步：制定奖励机制

为了提高小学生的动力，我们可以在写作计划中引入奖励机制。这个机制可以通过给予小礼物或表扬来激励他们完成每个阶段的任务。

为了确保写作计划的顺利实施，我们可以将整个过程分成几个阶段，并设定相应的目标。例如，第一阶段可以是写完一篇100字的短文，第二阶段可以是写完一篇200字的文章，以此类推。每个阶段的目标都应该根据学生的能力和水平合理设定，既不过于简单，也不过于困难。

一旦学生完成了一个阶段的任务，我们就可以给予他们一些小礼物或者口头上的表扬。小礼物可以是一张彩色贴纸、一枚小奖章或者一本有趣的书籍。这样的小奖励可以成为学生努力写作的动力和目标。同时，老师也可以向其他同学展示他们的成果，鼓励其他人也参与进来。

除了奖励机制，建立一个正面的学习环境也是非常重要的。老师可以在课堂上开展一些有趣的写作活动，如创作故事、写信或者写日记。通过鼓励学生发表自己的观点和想法，增强他们的自信心和积极性。

此外，老师还可以定期给予学生反馈和指导。这可以通过讨论学生的作文、提出建议和鼓励他们改进来实现。正面的反馈可以激发学生对写作的兴趣，并且让他们知道自己的努力是被认可和重视的。

第四章　写作评价与反馈的教学方法与实践

第一节　设计多元化的评价方式

设计多元化的评价方式对于提供有效的写作反馈和促进学生的写作能力发展非常重要。以下是关于如何设计多元化的评价方式的教学方法和实践。

一、个别反馈会议

个别反馈会议是一种有效的评价方式，可以帮助教师与学生进行一对一的交流，针对学生的写作作品提供个性化的反馈和指导。

（一）计划和安排会议

教师需要合理规划时间和资源。确定会议的时间和地点时，要尽量考虑学生的日程安排，并确保能够提供充裕的时间给每个学生。可以在课堂上宣布会议时间，或通过其他途径向学生发送会议通知，明确会议的具体时间和地点。

教师可以提前告知学生会议的目的和期望的准备内容。学生需要知道会议的主题以及他们应该准备哪些写作作品或问题。例如，教师可以要求学生准备最近的一篇短文，并对其中的某个方面或技巧提出问题。

为了确保会议的高效进行，教师可以提前准备好相关的评价工具和资料。这可以包括评价表格、标志性句子或段落的复印件，以及相关的教学资源或参考资料。这些准备工作有助于教师更好地组织自己的思路，并在会议中提供具体而富有启发性的反馈。

在计划和安排会议时，教师还应充分考虑学生的隐私和舒适感。确保会议的地点环境安静、私密，并提供足够的空间供学生与教师进行交流和讨论。如果可能，选择一个开放而有利于对话的空间，以促进积极的交流氛围。

（二）学生自我评价

学生自我评价是个别反馈会议中的重要环节，它可以帮助学生更好地认识自己的写作能力，并提供他们在会议中与教师进行深入讨论和提问的基础。

教师可以引导学生思考自己写作中的优点。鼓励学生回顾他们的写作作品，并找出在内容、结构、语言运用或其他方面的亮点。这有助于学生对自己的写作能力有一个积极的认知，增强他们的自信心。

学生需要提出改进点的自我评价。教师可以引导学生思考自己写作作品中可能存在的问题或需要加强的地方。学生可以从逻辑性、连贯性、表达清晰度等方面来分析自己的写作，识别出需要改善的地方。

同时，教师可以鼓励学生提前准备好想要向教师提问和讨论的问题。这些问题可以涉及学生对于自己写作中的困惑或不确定之处，希望获得指导和解答的地方。通过提前准备问题，学生在会议中能更有针对性地向教师请教，并充分利用会议时间。

在个别反馈会议中，学生的自我评价起到了引导和激发学生积极参与讨论的作用。通过自我评价，学生可以更全面地认识到自己的写作优势和不足，为会议中的深入讨论提供了基础。这也培养了学生的批判性思维能力，促使他们主动思考和反省自己的写作。

（三）针对性的反馈和指导

针对性的反馈和指导是个别反馈会议中教师的重要任务之一。通过针对学生的写作作品和自我评价，教师可以给予具体而有针对性的反馈，并提供相关的指导和建议。

教师可以就学生的内容进行评价。教师可以指出学生在表达观点和引用例子方面的优点，并肯定学生的努力和创意。同时，教师也应指出文章中可能存在的不足或需要改进的地方。这样的反馈可以帮助学生更好地理清思路，加强逻辑推理能力，并提供相关的修正意见。

教师可以对学生的结构和组织方式进行评价。教师可以指出学生文章中段落划分的合理性、过渡的连贯性以及整体结构的协调性等方面的优点，并提供具体的改进建议。例如，教师可以建议学生优化段落间的过渡句，使文章内容更加流畅地连接起来，增强文章整体的可读性和逻辑性。

教师还可以就学生的语言运用和修辞手法进行评价。教师可以指出学生写作中精确用词、多样化的句式结构、恰当的修辞手法等方面的优点，并鼓励学生继续发展自己的语言表达能力。同时，教师也应指出可能存在的语法错误、词汇不准确或使用修辞手法不当的问题，并提供相关的语言修正建议和技巧。

除了给予评价和指导之外，教师还应鼓励学生主动参与讨论和提问。学生可以就自己在写作过程中遇到的困惑或需要进一步指导的地方提问，并寻求教师的意见和建议。通过积极的交流和互动，教师可以更好地理解学生的需求，并提供更有针对性的反馈和指导。

（四）设定目标和行动计划

在个别反馈会议的最后阶段，教师可以与学生一起设定学习目标和制订行动计划。这有助于确保学生明确知道下一步的学习方向和行动步骤，从而进一步提升他们的写作能力。

教师可以与学生一起回顾之前的讨论和反馈。通过总结讨论的要点和教师给出的建议，教师可以帮助学生明确自己需要改进的方面和加强的技巧。例如，可能是学生的逻辑推理需要更加清晰、语言表达需要更加精准或者修辞手法需要增加多样性等。

教师与学生共同设定学习目标。学习目标应该具体、可衡量和有挑战性。教师可以就学生需要改进的方面提出建议，并与学生进行讨论，确定目标。例如，学生可以设定增加词汇量或提升修辞表达的目标。

教师可以与学生一起制订行动计划。行动计划包括具体的步骤、时间安排和资源需求，帮助学生实现设定的学习目标。教师可以与学生共同讨论并提供指导，帮助学生识别适合自己的学习方法和策略。例如，学生可以分配每天写作练习的时间，阅读相关范文或参考书籍来提升自己的写作技巧。

在制订行动计划时，教师可以鼓励学生设立短期和长期目标。短期目标有助于学生追踪进展并保持动力，而长期目标则有助于学生明确自己的发展方向，并持续努力。

最后，在设定目标和行动计划后，教师应当与学生约定下一次个别反馈会议的时间，并提醒学生按照行动计划逐步执行，并监督学生的进展情况。

（五）跟踪和复评

个别反馈会议之后的跟踪和复评是教师提供持续支持和指导的重要环节。通过再次安排会议、书面反馈或其他形式的交流，教师可以了解学生在改进方面的进展，并为他们提供持续的支持和指导。

教师可以与学生再次安排个别反馈会议。这样可以给予学生机会分享他们在写作上的进展，并讨论可能遇到的困难或挑战。教师可以通过与学生交流和对话来了解他们在实际写作中应用反馈建议的情况，并提供进一步的指导和支持。这种面对面的交流有助于教师更加准确地评估学生的进步和需要改进的方面。

教师还可以以书面形式提供反馈和指导。这可以包括针对学生提交的新作文给予书面批注，或者写信给学生回顾之前的反馈并提供新的建议。书面反馈具有可保存性和可回顾性，学生可以在需要时重新阅读和参考。教师可以通过书面反馈详细说明学生在改进方面的进展，并提供具体的建议和指导。

不论采取何种形式的跟踪和复评方式，教师都应督促学生继续努力，持续实施之前制订的行动计划，并提供必要的支持和鼓励。教师可以帮助学生设立小目标，追踪他们在改进方面的进展，并及时给予正面的肯定和适时的调整建议。

个别反馈会议是一种有利于个性化教学和提供精准反馈的评价方式。通过与学生的一对一交流，教师可以更好地了解学生的写作需求，并提供具体的帮助和指导，促进学生的写作能力发展。

二、写作日志

写作日志对于学生的写作能力提升和思维发展起到了重要的作用。教师可以要求学生撰写写作日志，以记录他们在写作过程中的反思和体验。通过定期收集学生的写作日志，教师能够更好地了解学生在写作中遇到的难题和取得的进步，从而为他们提供个性化的反馈和建议，并帮助他们改进写作策略。

写作日志是学生进行自我反思的工具，它可以帮助学生深入思考写作目标、写作过程中的困惑和挑战，以及如何克服这些困难。学生可以在写作日志中记录他们的写作计划、写作目标以及每个阶段的反思和感受。例如，在写作初期，学生可能会遇到组织结构不清晰等问题，而在写作日志中他们可以详细描述这些问题，并提出改进的方法和思路。写作日志还可以帮助学生发现自己的写作风格和习惯，以及在写作过程中的强项和弱点。

教师通过阅读学生的写作日志，可以更全面地了解每个学生的写作能力和发展需求。教师可以根据学生在写作日志中提到的问题和困惑，为他们提供个性化的反馈和指导。例如，对于那些在语法和拼写方面存在困难的学生，教师可以提供有针对性的练习和指导，帮助他们提高语言表达能力；对于那些组织结构不清晰的学生，教师可以提供写作技巧和方法，引导他们改进写作逻辑和结构。

通过定期收集学生的写作日志，教师还可以追踪学生的写作进步，并及时给予肯定和鼓励。当学生在写作中取得进步时，教师可以在反馈中指出他们的优点和成就，增强他们的自信心和积极性。这种及时的正向反馈将激发学生对写作的兴趣和动力，促使他们更加努力地提升自己的写作能力。

三、内容理解评价

内容理解评价是对学生在阅读文章后对主题和内容的理解能力进行评估。通过提出问题或要求学生总结文章的方式，教师可以深入了解学生是否理解了文章的核心思想以及相关细节。此外，教师还可以通过鼓励学生从不同角度思考和表达观点来培养他们的批判性思维和分析能力。

要求学生总结文章是一种有效的评价方法。教师可以要求学生用自己的话简洁地概括文章的主要内容和要点。通过总结，学生需要筛选出最重要的信息，并以自己独特的方式组织和呈现。这不仅是对学生理解能力的评估，还可以培养他们提炼关键信息、归纳总结的能力。

例如，在阅读一篇童话故事后，教师可以要求学生用几句话概括故事的主要情节和教育意义。这样的要求可以帮助学生归纳整理故事中的关键情节，培养他们从多个事件中抽取核心信息的能力。

通过鼓励学生从不同角度思考和表达观点，教师可以培养学生的批判性思维和分析能力。教师可以引导学生就文章中的某个观点或事件进行讨论，并要求他们给出自己的看法和解释。这样的活动有助于学生深入思考文章的含义、逻辑和价值，并培养他们批判性思维和理解力。

例如，在讨论一篇社会议题的文章时，教师可以要求学生就该议题的正反两方面展开讨论，并阐述自己的观点。通过这样的讨论，学生不仅可以表达自己的观点和理解，还能够倾听他人的见解，并从中获得新的认识和思考。

四、创意和想象力评价

创意和想象力评价是对学生在创作和表达中展现的原创性和独特性进行评估。创意和想象力评价的重要性在于它能够帮助教师了解学生在创作中的独特思维和创造力。通过这种评价方式，教师可以发现学生是否能够脱离常规思维，勇于尝试新颖的观点和主题，并以个人独特的方式表达自己的想法。同时，创意和想象力评价还可以激发学生的创造潜能，鼓励他们思考问题时多元化的解决方案。

（一）创意作品

创意作品评价是通过要求学生创作文章、诗歌、故事和演讲稿等形式，来展示他们独特的创造力和想象力，并对其进行评估。这种评价方法可以为学生提供自由表达观点和情感的机会，使他们能够无拘无束地展示自己的创意。

学生创作的作品内容和表达方式都是评价的重点。教师可以根据学生作品中的主题、情节发展、语言运用等方面来评估他们的创意和想象力。一个优秀的创意作品应该具有以下特点：

1.独特的观点和主题

学生的创意作品应该展现出与众不同的思考角度和观点，以及独特的创新主题。这反映了学生的原创性和独特性，能够展示他们独特的创意和想象力。

在评价创意作品时，教师应关注学生作品中的观点和主题是否与众不同。这意味着学生的作品应该突破传统思维，勇于尝试新颖的观点和概念。例如，一个优秀的创意作品可以提出独特的解决问题的方法。

创意作品还应体现学生的创新性和想象力。学生可以通过构建奇幻的世界、设计未来的科技或发明创造新产品等方式来展示他们独特的创意和想象力。这种创新和想象力可以表现在作品中的设定、情节发展、人物塑造等方面。

在评价过程中，教师可以提供具体的反馈和指导。鼓励学生去挖掘更多独特的观点和主题，并通过不断尝试和实践来拓展他们的创意和想象力。此外，教师还可以为学生提供更多的资源和机会，如阅读优秀的文学作品、参与创意比赛等，以激发他们的创造力和创意表达能力。

2.细腻的情感表达

学生通过语言和文字来表达自己的情感，使读者能够深切地感受到其中蕴含的情感和情绪。情感表达的深度和细腻程度可以反映学生的想象力和创造力。

在评价创意作品时，教师应关注学生情感表达的质量和效果。一个优秀的创意作品应该能够引起读者共鸣，激发情感共振。学生可以通过精确而富有感情的词语、生动的比喻和隐喻等手法来传递他们内心的情感和情绪。

情感表达的深度与广度是评价的重点之一。学生作品中的情感应该具有准确性和真实性，能够触动读者的内心。同时，学生还需要展示情感的丰富性和多样性，让读者能够从中感受到不同的情感层次和细微的情绪变化。

在评价过程中，教师可以鼓励学生深入挖掘自己的情感，并通过恰当的词语和形象的描写来传递情感。同时，教师还可以提供一些情感表达的技巧和策略，帮助学生更好地展现内心世界，增强作品的情感力量。

3.生动的描述和细节描绘

学生可以通过运用形象化的语言和生动的描述来展现场景、人物和事件。细腻的描写和富有想象力的细节处理可以增强作品的真实感和吸引力，提升作品的质量和效果。

在评价创意作品时，教师应关注学生描述能力的表现。一个优秀的创意作品应该能够让读者身临其境，感受到其中呈现的场景、人物和事件。学生可以运用多种修辞手法，通过细致入微的描写来勾勒出丰富而真实的画面。

生动的描述和细节描绘是评价的重点之一。学生需要展现对细节的敏感度和观察力，以及丰富的想象力。通过描绘细节，如气味、声音、触感等，学生可以增加作品的真实感和层次感，使读者更好地融入作品的情境中。

在评价过程中，教师可以给予学生具体的描写技巧和指导。例如，引导学生多使用具体的形容词和细致入微的描写，让作品更加生动。同时，教师还可以提供一些练习和活动，如观察细节、模仿经典文学作品等，以培养学生对细节的敏感度和描述能力。

为了评估学生的创意和想象力，教师可以制定一些评分标准，根据这些标准对学生的作品进行评估，并提供具体的反馈和建议，以促进他们在创造力方面的发展。

（二）角色扮演和戏剧表演

评价学生的创意和想象力是一项重要任务，而角色扮演和戏剧表演是一种有效的评价方法，可以帮助学生展现他们的创意和想象力。

通过角色扮演和戏剧表演，学生能够运用自己的创造力创作并扮演新的角色，或者以独特的方式演绎经典角色。这个过程中，学生可以发挥他们的想象力，将自己置身于虚拟的情境中，摆脱日常生活的限制，创造出具有独特特点的人物形象。

在角色扮演和戏剧表演的过程中，学生需要运用自己的创意来设计场景、对话和动作。他们可以灵活地调整剧情，加入自己的想法和观点，使得表演更加富有个性和魅力。这种创意的发挥不仅体现了学生的想象力，还能展示他们解决问题和应对挑战的能力。

评价学生的创意和想象力，教师可以关注以下几个方面：首先，学生是否能够提出新颖而独特的创意，使其角色或表演展现与众不同的特点和风格；其次，学生是否能够合理运用元素、对话和动作来支持自己的创意，并且能够在角色扮演中展示出灵活的思维和行动；最后，学生是否能够发挥想象力，将自己的创意应用到实际表演中，使观众感受到角色的真实存在。

在评价过程中，教师可以引导学生思考关于角色的内心世界、背景故事和情感变化等方面，以丰富和深化角色形象。同时，鼓励学生勇于尝试新颖的创意和独特的风格，培养他们独立思考和创造性思维的能力。

通过角色扮演和戏剧表演这种评价方法，学生可以在积极的氛围中发挥自己的创意和想象力，培养他们的艺术修养和审美能力。这种参与式的学习方式能增强他们的自信心和表达能力，为他们未来的发展奠定良好的基础。

（三）创意问题解决

为了评估学生的创意问题解决能力，教师可以提供一些开放性的问题或挑战，鼓励学生通过创意思维和想象力找到不同的解决方案。

开放性的问题或挑战应该涉及现实生活中的实际问题，可以是与科学、技术、社会、环境等领域相关的议题。这样的问题通常没有确定的答案，需要学生运用自己的创新思维和想象力来探索解决方案。

评价学生的创意问题解决能力，教师可以采用多种方式，如书面或口头表达、小组讨论、项目展示等。在评价过程中，教师可以提出问题的背景和相关信息，为学生创造一个有利于发挥创意思维和想象力的环境。

通过创意问题解决的评价方法，学生能够发挥自己的创造力和想象力，培养他们的创新意识和创造性思维。这种参与式的学习方式不仅能够提升学生的问题解决能力和创新能力，还能培养他们的团队合作和沟通能力，在现实生活中面对各种挑战时更具备应对能力。

五、个性化评价

个性化评价是根据每个学生的特点和发展需求，提供个性化的评价和指导。在传统的教育评价中，通常以统一的标准评估学生的学习成果和能力水平。然而，每个学生都有自己独特的学习风格、兴趣爱好、学习能力和发展潜力，因此，个性化评价可以更有效地了解并满足学生的学习需求，促进他们的个性化成长。

个性化评价的核心理念是关注每个学生的个性特点和发展需求。教师应对学生进行全面的观察和了解，包括他们的学习方式、思维方式、兴趣爱好、弱势领域以及潜在的发展潜力等方面。通过这些了解，教师可以更准确地评估学生的学习情况和能力，并有针对性地给出评价和指导。

个性化评价可以从多个层面来考虑。首先，评价内容应根据学生的个性化需求进行调整。不同学生的强项和弱项不同，个性化评价应该关注他们的优势并帮助他们改善弱势领域。其次，评价方式应灵活多样，包括书面作业、口头报告、实践任务等多种形式。这样能够更全面地了解学生的表现和能力，并提供个性化的反馈和指导。

在个性化评价中，教师应给予积极的反馈和鼓励，强调学生的进步和潜力，激发他们的自信心和学习动力。同时，教师还可以根据学生的兴趣和特长，提供个性化的学习资源和机会，帮助他们发展自己的优势领域。通过这种方式，个性化评价可以促进学生的全面发展，培养他们的个人特长和学习能力。

个性化评价还需要学生的参与和主动性。学生应该被鼓励对自己的学习情况进行自我评价，并设定个性化的学习目标。这样能够培养学生的自主学习和反思能力，促进他们在个人发展和学习中的主动性和积极性。

第二节　给予及时和具体的反馈，帮助学生改进和提高习作质量

给予及时和具体的反馈是帮助学生改进和提高习作质量的重要环节。通过及时反馈，学生可以了解自己的优点和不足，并有针对性地进行改进。下面将详细介绍如何给予学生及时和具体的反馈，以提高他们的习作质量。

一、及时反馈

及时反馈是教育中非常重要的一环，对于学生的学习和发展起着至关重要的作用。它能够及时指导学生方向，帮助他们及时纠正错误，并提供具体的建议和指导，以促进他们的学习成长。

（一）能帮助学生了解自己

及时反馈对于学生了解自己的表现情况起着至关重要的作用。通过及时反馈，学生可以清楚地知道自己在学习上的优点和不足之处，从而能够有针对性地进行调整和提高。

及时反馈能够让学生了解自己的优点和取得的进步。当学生在某个学科或

领域表现出色时，教师及时给予肯定和鼓励，使学生意识到自己的努力得到了认可，进而增强自信心。这种积极的反馈能够激发学生继续保持并发展其优点，并且为他们提供动力去追求更高的目标。

及时反馈也能够帮助学生意识到自己的不足之处。当学生在学习中出现错误或者存在一些缺陷时，教师可以及时指出并给予建议。这样的反馈能够让学生认识到自己需要改进的地方，从而促使他们积极主动地进行调整和提高。对于学生来说，了解自己的不足并主动去改进是成长的关键。

（二）可以及时纠正错误

及时反馈在纠正学生的错误方面发挥着重要的作用。学习过程中，学生难免会犯一些错误或者存在一些误解。而及时反馈可以帮助学生及早意识到这些问题，并给予正确的引导和补充，从而促使他们理解错误之处并避免类似错误的再次发生。

当学生犯下错误时，教师能够及时发现并指出错误所在。通过直接告知学生其错误，学生能够意识到自己犯下了错误，并且了解哪里出了差错。这样的反馈不仅可以帮助学生认识到自己的错误，也有助于培养他们对于错误的敏感性和反思能力。

及时反馈可以给予学生正确的引导和补充。当学生犯错时，教师应该提供准确的答案、解释或者指导，以帮助学生理解错误之处。例如，在数学题中，如果学生出现了计算错误，教师可以立即纠正并给出正确的答案，同时解释为什么原先的答案是错误的。这样，学生不仅能够知道正确答案，还能够理解错误发生的原因和如何避免类似错误。

及时反馈也可以提供额外的补充知识或资源。当学生存在误解或者需要更深入的理解时，教师可以及时提供相关资料或指导，以便学生进行进一步学习和探索。通过及时补充额外的知识，学生能够弥补知识的缺陷，并更好地理解学习内容。

（三）可以提供具体的指导建议

及时反馈不仅可以指出学生的错误或不足，更重要的是提供具体的建议和指导。通过给予具体的改进方向和方法，学生能够明确知道如何改进自己的学习方法和策略，从而取得更好的成绩。

一方面，及时反馈可以帮助学生理解问题所在，并提供针对性的改进方向。例如，在写作中，老师可以指出学生文章逻辑不清晰的问题，并具体说明需要进行的逻辑上的补充和调整。这样的反馈不仅告诉学生他们出错的地方，还明确了具体的改进方向，使学生能够有针对性地调整文章的结构和内容，提升写作质量。

另一方面，及时反馈可以提供具体的改进方法和策略。教师可以通过举例、解释、演示等方式来说明学生可以采取的改进方法。例如，在数学中，如果学生经常出现计算错误，老师可以给予具体的计算技巧和步骤，让学生掌握正确的计算方法。这样的反馈不仅告诉学生他们应该改进什么，还具体说明了如何去改进，为他们提供了实用的工具和方法。

除了提供具体的建议和指导，及时反馈还应鼓励学生主动参与改进过程。教师可以引导学生自我评估，并鼓励他们思考如何改进和提升自己。通过鼓励学生积极参与到改进过程中，他们能够更深入地理解自身的问题，并寻找适合自己的个性化改进策略。

二、提倡自主学习

对于学生来说，帮助他们改进和提高习作质量的方式可以包括提倡自主学习。自主学习鼓励学生主动参与、积极思考和探索，从而培养他们独立解决问题和提升写作能力的能力。以下是一些方法和策略，可以帮助学生在习作方面实践自主学习。

（一）鼓励自主阅读

鼓励自主阅读是帮助小学生改进和提高习作质量的重要方法之一。通过阅读各类书籍和故事，学生能够培养对语言和文学的兴趣，同时提升他们的写作能力。

教师可以提供丰富多样的阅读材料给学生，这些材料应当符合小学生的年龄和水平，激发学生的阅读兴趣。同时，教师也可以与学生一起制订一个阅读计划，推荐一些经典的儿童文学作品，让学生有系统地进行自主阅读。

教师可以引导学生选择适合自己的阅读材料。在学生中广泛宣传各类优秀的儿童文学作品，并鼓励他们根据自己的兴趣和阅读能力来选择阅读材料。教师可以提供一些评价指标，如主题、情节、人物等方面的考虑，帮助学生更好地选择适合自己的书籍。

同时，教师可以组织一些有趣的阅读活动，以激发学生的阅读兴趣和参与度。例如，举办读书分享会，让学生能够分享他们喜欢的书籍，推荐给同学，并互相交流阅读体验。还可以开展阅读挑战赛或阅读马拉松等活动，给予学生一定的奖励和鼓励，增强他们的主动性和积极性。

教师还可以扮演导读和指导的角色。在学生自主阅读的过程中，教师可以提供必要的导读和提示。

（二）提供个性化写作支持

提供个性化的写作支持是帮助小学生改进和提高习作质量的重要策略之一。

教师应该定期批改学生的习作，并给予具体的反馈和建议。在批改过程中，教师要注重指出学生的错误和不足之处，但也要关注他们的优势和进步。这样做能够帮助学生了解自己的写作问题并加以改进，同时增强他们的写作自信心。此外，教师还可以与学生就习作的内容、结构和语言等方面与他们进行交流，进一步明确他们需要改进的地方。

教师可以根据学生的兴趣和学习需求设计个性化的写作任务。通过了解每个学生的特点和喜好，教师可以为他们提供有针对性的写作题目。例如，对于喜欢科学的学生，可以让他们以科学实验为主题展开写作；对于喜欢文学的学生，可以让他们撰写故事或诗歌。通过与学生合作确定写作任务，能够激发他们的主动性和创造力，并提高他们在写作中的投入度。

教师可以引导学生进行互助写作。学生之间可以相互交流、讨论和修改彼此的习作，分享自己的观点和建议。这样能够帮助他们发现自身习作中的问题和改进方向，从而提高整体的习作质量。

（三）培养良好的写作习惯

鼓励学生定期写日记、读书笔记或写感想。这样的写作活动可以帮助学生记录自己的思考和感受，同时培养他们对语言表达的习惯。教师可以指导学生如何写作,如提供写作模板、给予写作主题或提示等,使学生更好地展开写作。同时,教师也可以安排时间让学生分享自己的日记或读书笔记,激发他们相互之间的交流和学习。

教师可以通过课堂活动和作业要求,让学生定期进行写作练习。例如,在语文课上布置作文作业,让学生有固定的时间和机会进行写作锻炼。教师可以提供具体的写作任务和要求,引导学生发挥自己的创造力和想象力。同时,教师在批改作文时应给予及时的反馈和评价,鼓励学生不断改进,并以积极的态度对待他们的努力和进步。

教师还可以设立写作目标,并持续关注学生的写作进展。例如,设立每月或每学期的写作目标,帮助学生制订个人的写作计划,并在学期末进行总结和评估。教师可以进行个别辅导和指导,帮助学生解决写作中的难题,并鼓励他们坚持下去,不断提高写作水平。

第三节 培养学生对评价反馈的接受和理解能力

培养学生对评价反馈的接受和理解能力对于他们的成长和学习至关重要。以下是一些方法,可以帮助教师培养学生良好的评价反馈接受能力和理解能力。

一、创设积极的学习氛围

创设积极的学习氛围对于培养小学生对评价反馈的接受和理解能力非常重要。在这样的学习环境中,学生可以感到自己被尊重和支持,愿意积极参与学习,并能够更好地接受和理解来自他人的评价反馈。

(一)鼓励积极沟通和分享

鼓励积极沟通和分享是创设积极学习氛围的重要一环。教师在教学过程中可以采取多种方式来促进学生积极参与课堂讨论,并分享自己的思考、观点和经验。

1.创造安全的环境

教师应该创造一个安全和包容的学习环境，让学生感到放松和自在。学生需要知道他们的声音和意见是被尊重和接受的，没有被批评或嘲笑的恐惧。教师可以通过鼓励尊重和倾听、建立互相支持的班级文化以及提供积极的反馈和鼓励来营造这样的环境。

2.尊重多样性和独立思考

教师应该尊重学生的多样性和独立思考，鼓励他们表达自己独特的观点和看法。每个学生都有不同的经历和思维方式，他们的分享可以为整个班级提供新的思考角度和启示。教师可以鼓励学生之间互相倾听和尊重，并给予肯定和建设性的反馈。

3.提供充足的时间和空间

教师需要确保学生有足够的时间和空间进行思考和分享。有时候学生可能需要一些时间才能形成自己的观点和思路，或者需要勇气来表达自己。教师可以给予足够的时间和机会，让学生逐渐克服内心的障碍，并愿意积极地参与沟通和分享。

（二）注重肯定和鼓励

教师应该注重给予学生肯定和鼓励，积极关注他们的努力和进步。通过及时而积极的语言表达和赞许，教师可以增强学生的自信心和学习动力，使他们更愿意接受来自他人的评价反馈。

1.肯定学生的努力和进步

教师在学生的学习过程中应该特别注意到他们所付出的努力和取得的进步，并以积极的态度予以肯定。无论学生的成绩如何，都要关注他们个人在学习中所做出的努力。通过强调学生完成的任务、解决的问题或取得的进步，教师能够激发学生的学习动力，增强他们的自信心。

教师应该意识到学生在学习中所付出的努力是非常重要的，这些努力可能不仅仅体现在学习成绩上，还包括课堂参与、主动思考和积极探索等方面。每个学生都有不同的潜力和学习速度，因此，教师需要关注每个学生个人的成长和进步。

当教师注意到学生的努力和进步时，他们可以给予积极的反馈和表扬，以鼓励学生继续努力。教师可以通过口头赞美、鼓励的言辞或者奖励的方式来肯定学生的努力。这种正向反馈将让学生感受到自己的价值和成就，进而激发他们的学习动力。

除了肯定学生的努力外，教师还可以强调学生在学习过程中所取得的具体进步。这种关注进步的态度可以帮助学生意识到自己的成长，并增强他们的自信心。教师可以指出学生在解决问题时的创造力、在任务完成中的专注度或者在学习能力上的提升等方面的进步，从而鼓励学生继续努力并相信自己的潜力。

2.使用积极的语言和赞许

教师使用积极的语言和肯定性的评价来表达对学生的认可非常重要。当学生表现出积极的行为或者展示出优秀的想法时，教师应该表达赞许之情。他们可以使用诸如"你提出了一个很有深度的问题""你的观点非常独到"等肯定的话语，以强调学生所做出的努力。

教师还可以鼓励学生将这些好的实践或想法分享给其他同学。通过这种方式，整个班级都能感受到被鼓励和认可的氛围，学生也会更积极地参与到课堂讨论中去。

除了积极语言之外，教师还可以利用非语言的肯定方式，如微笑、点头或鼓励性的姿态。这样的肢体语言可以有效地传达教师对学生的认可和赞许，同时也表明他们在意学生的参与和努力。

通过使用积极的语言和赞许来表达对学生的认可，教师能够建立起一种积极向上的课堂氛围。这种氛围将引导学生更多地参与到课堂活动当中，展示出自己的思考和观点。学生会感受到自己的贡献被重视和认可，从而增强了他们的自信心和学习动力。

3.提供具体的反馈和建议

教师在给予学生反馈时，应该尽量提供具体和明确的信息。除了告诉学生他们做得好之外，还要指出他们的优点以及需要改进的方面。通过提供具体的建议和指导，教师能够帮助学生更好地理解自己的优势和发展方向，并激发他们进一步提升。

当教师给予学生肯定的反馈时，可以引用具体的例子或实际情况来支持自己的评估。例如，可以说："你在小组讨论中表现出色，提出了深入的观点，这让我们对问题有了新的认识。"这样的具体例子可以帮助学生更好地理解自己所取得的成就，并感受到自己的贡献被认可和重视。

另外，教师也应该指出学生需要改进的地方，并提供具体的建议和指导。例如，可以说："你在书写方面还需要注意字母的大小写和书写的规范性。可以多加练习并参考范例来提高书写质量。"这样的指导对学生来说是有针对性的，能够帮助他们明确自己需要改进的方向，并提供实际行动的建议。

通过以上方法，教师可以有效地鼓励学生积极沟通和分享，创设积极的学习氛围。学生在这样的环境中可以建立起自信心、增强表达能力，并更好地接受和倾听来自他人的评价反馈。

二、培养尊重和倾听的态度

教师应该引导学生学会尊重和倾听他人的观点和意见。这种态度对于促进良好的人际关系、培养合作精神以及促进学习和个人成长都非常重要。学生需要明白每个人都有自己独特的思考和经验，不同的观点和建议对于自己的成长是宝贵的。通过示范和讨论，教师可以培养学生尊重他人并认真倾听的态度。

教师可以通过自己的言行示范来培养学生尊重和倾听的态度。教师应该给学生树立一个榜样，表现出对学生观点的尊重和倾听，同时也示范如何与他人进行有效的沟通和交流。例如，在课堂上，教师可以积极倾听学生的提问和发言，并且对他们的观点表示欣赏和鼓励。这样的示范将使学生明白尊重和倾听的重要性，并激发他们模仿和实践。

教师还可以组织讨论活动，让学生互相交流观点和意见。在讨论中，教师可以设定一些规则，如轮流发言、不打断他人发言等，以确保每个学生都能得到平等的表达机会。教师可以鼓励学生提出不同的观点，并引导他们尊重并认真倾听其他同学的意见。通过这样的活动，学生将有机会了解和欣赏不同的观点，增强他们的思辨能力和团队合作意识。

教师还可以安排小组合作项目，鼓励学生在合作中互相尊重和倾听。在小组合作中，学生需要彼此交流，分享自己的观点和想法。教师可以设定一些共同目标和规则，以鼓励学生有效地沟通和倾听彼此。同时，教师也应该关注小组内部的氛围，及时解决可能出现的冲突和问题，确保每个学生都能感受到尊重和被倾听的重要性。

最后，教师可以使用一些教育资源和案例来培养学生尊重和倾听的态度。教师可以选择一些适合年龄和学科的文章、视频或故事等，让学生通过阅读和讨论深入理解尊重和倾听的意义。教师还可以安排一些角色扮演活动，让学生模拟不同观点和立场的交流，并通过这样的体验来认识到尊重和倾听对于理解他人和解决问题的重要性。

三、鼓励错误和失败的接受与学习

鼓励错误和失败的接受与学习是培养学生积极心态和成长思维的重要方面。教师应该帮助学生理解，错误和失败是取得进步和发展的必经之路。

（一）传递正面信息

教师可以分享一些成功人士的故事,特别是关于他们经历过的失败和挫折。这些故事能够向学生传递一个重要信息：失败并不是个人价值或才华的衡量标准，而是通往成功的必经之路。通过了解成功人士的经历，学生可以认识到失败只是暂时的，只要持续努力并从中学习，就一定能取得更大的成就。

教师可以鼓励学生关注自身的进步和努力，而不仅仅是结果。教师可以对学生的付出和进步进行积极的反馈和肯定，让他们意识到努力本身就是一种值得赞赏的行为。通过将注意力放在努力和过程中，学生能够培养起积极的学习态度，并懂得在失败中寻找经验教训。

教师还可以引导学生倾听内心的声音，树立良好的自我认知。当学生遇到错误或失败时，他们可能会感到沮丧或自责。教师可以鼓励他们静下心来思考自己的过程和表现，帮助他们认识到自身的成长和进步。教师可以提醒学生，在接受反馈和评价时，要保持客观和冷静，不要过度批判自己。

最后，教师应该以身作则，展示积极面对错误和失败的态度。教师可以讲述自己曾经经历的失败，并分享自己是如何从中吸取教训并取得进步的经验。通过教师的榜样力量，学生会更容易接受错误和失败，并尝试从中学习。

（二）鼓励积极尝试和创新

教师可以创建一个安全、自由的学习环境。学生应该感到他们在课堂上可以自由地表达自己的想法和观点，而不用担心被批评或嘲笑。教师应该鼓励学生相信自己有能力探索新领域并提出新想法，即使这些想法可能会面临失败或困难。

教师可以提供充分的资源和材料，以激发学生的好奇心和创造力。教师可以选择富有挑战性的任务或项目，鼓励学生进行实践和探索，并提供必要的支持和指导。例如，教师可以组织小组活动、开展实验或设计任务，让学生在实际操作中发现问题并寻找解决方案。

同时，教师还可以引导学生思考和提出问题。鼓励学生提出疑问，并追求更深入的理解。教师可以提供引导性的问题，激发学生的思考和创新意识。通过这样的启发，学生可以培养批判性思维和创造性解决问题的能力。

教师还应该给予学生足够的自主权和决策权。学生应该有机会选择他们感兴趣的项目或任务，并参与制定计划和决策。这种自主性能够激发学生的积极性和创造力，并增强他们对学习的主动性和责任感。

四、建立良好的师生关系

建立良好的师生关系是教育过程中至关重要的一环。学生在与教师之间建立起良好的关系后，会更加愿意接受来自教师的评价反馈和指导。

（一）对学生关心和支持

教师关心和支持学生是建立良好的师生关系的重要部分。通过对学生的关心和支持，教师可以激发学生的学习兴趣，并帮助他们克服学习中的困难。

积极回应学生的困难和需求。当学生遇到学习上的困难时，教师应该给予及时的支持和指导。教师可以鼓励学生提出问题，并提供解答和解决方案。此外，教师还可以安排额外的辅导时间，为学生提供更多的帮助和指导。通过及时关注学生的困难和需求，教师可以有效地帮助他们克服问题，提高学习效果。

关注学生的个人发展和兴趣爱好。教师可以了解学生的兴趣爱好和特长，并在教学中给予相应的鼓励和支持。例如，在课堂上引入与学生兴趣相关的内容，设计有趣的学习活动，激发学生的学习动力。此外，教师还可以鼓励学生参加校内外的活动，提供机会让学生展示自己的才能和特长。通过关注学生的个人发展和兴趣爱好，教师可以建立更加深入的师生关系，并促进学生全面发展。

最后，积极提供情感支持和鼓励。教师在与学生交流和互动中，应体现出对学生的理解和尊重。教师可以倾听学生的心声，关注他们的情感需求，并提供必要的支持和安慰。此外，教师还应该经常给予学生正面的反馈和鼓励，肯定他们的努力和进步。通过情感支持和积极的鼓励，教师可以增强学生的自信心，激发他们更大的学习动力。

（二）相互信任和尊重

建立互相信任和尊重的师生关系是促进学生发展和学习的关键。教师应该给予学生足够的尊重和信任，同时也要以身作则，成为学生可以信赖和尊重的榜样。

教师应该尊重学生的个人差异。每个学生都有独特的背景、价值观和兴趣爱好，教师应该尊重并接纳这些差异。教师可以通过了解学生的个人经历和文化背景，展现对学生多元性的理解和尊重。同时，教师也应该鼓励学生尊重彼此的差异，形成一个包容和尊重的学习环境。

教师应该倾听学生的声音和意见。学生在学习中有自己的想法和观点，教师应该给予足够的空间和机会，让学生表达自己的意见。同时，教师也应该认真倾听学生的反馈和建议，尊重他们的意见，并根据需要进行相应的调整和改进。

教师应该赋予学生更多的自主权和责任。学生在自主选择和决策中会感受到自己被尊重和信任。教师可以给予学生一定的自主学习的权力，如让他们参与制定学习目标、选择学习资源或安排学习计划。同时，教师也要指导学生如何承担责任和管理自己的学习，帮助他们培养独立思考和解决问题的能力。

教师还应该以身作则，做一个值得学生信赖和尊重的榜样。教师应该遵守职业道德规范，诚实守信，言行一致。教师应该积极参与学校活动，并展示积极的态度和品质。通过展示良好的道德和价值观，教师可以获得学生的尊重，并为学生树立正确的行为榜样。

在给予评价和反馈时，教师要基于客观的标准，公正地评判学生的学习成绩和表现。保持公正和客观有助于建立一个公平的学习环境，让学生感受到公平对待并为他们的发展提供均等的机会。

第五章 学校与家庭合作促进习作能力提升的实践策略

第一节 学校与家庭共同关注语文习作教学

当谈到小学语文习作教学时，学校和家庭都扮演着重要的角色。他们共同关注、支持和参与语文习作教学，对学生的学习成果和发展产生积极影响。下面将从学校和家庭两个方面详细探讨如何共同关注小学语文习作教学。

一、学校

学校在小学语文习作教学中起着主导作用。学校应该制订科学合理的教学计划，为学生提供良好的学习环境和资源条件。以下是学校可以采取的一些措施。

（一）设立明确的教学目标

学校在小学语文习作教学中的首要任务之一是设立明确的教学目标。这些目标应该针对不同年级和学生特点，以促进学生的写作能力逐步提高。

设立明确的教学目标对于语文习作教学至关重要。明确的教学目标能够为教师提供指导方向，确保他们在教学中聚焦于培养学生特定的写作技能和能力。这有助于教师更加明确地了解如何设计教学活动和评估学生的表现。同时，教师还可以通过分解目标，制定相应的教学策略和措施，以实现学生的写作目标。

明确的教学目标有助于激发学生的学习动机和兴趣。学生知道他们需要达到什么水平，并且了解什么是成功的标准。这样的明确性能够激发学生的自信心，激发他们在写作过程中的积极性和主动性。当学生看到自己取得进步时，他们会产生成就感，从而更加愿意主动参与到语文习作学习中。

（二）提供专业的教师支持

提供专业的教师支持对于小学语文习作教学至关重要。这种支持可以帮助教师提升自己的教学能力和专业素养，从而更好地指导学生的语文习作学习。

提供专业的教师支持有助于教师不断提升自己的知识和教学技能。语文习作涉及课文阅读、写作技巧、语言表达等方面，而随着教育环境和教学理念的不断更新，教师需要接受专业培训来了解最新的教学方法和研究成果。通过专业培训，教师可以获得最新的教学资源和教材，学习如何在课堂中有效地引导学生进行语文习作，以提高他们的写作能力。

提供专业的教师支持可以促进教师之间的交流和合作。教师可以通过定期举行教研活动、教学观摩等形式相互分享经验和教学成果，借鉴优秀教师的成功经验和教学策略，从而提高自己的教学效果。此外，教师还可以参与学科组或研究小组的工作，进行教学研究和教案编写，进一步提升自己的专业素养。

为了提供专业的教师支持，学校可以采取以下具体措施。首先，学校可以邀请教育专家或具有丰富教学经验的教师来开展专题培训，包括语文习作的教学理念、方法和评估策略等方面的内容。这样的培训可以帮助教师了解最新的教学动态，并提供实用的教学指导。其次，学校可以建立学科组织或教研团队，定期组织教研活动和研讨会，促进教师之间的交流和合作，共同研究和解决教学中的问题。同时，学校还可以鼓励教师参加学术会议和研讨会，提升他们的学术水平和教学能力。

（三）创建丰富多样的学习环境

学校在小学语文习作教学中应该努力创建丰富多样的学习环境，以激发学生的学习兴趣和写作灵感。

创建丰富多样的学习环境对于小学语文习作教学至关重要。丰富的语文书籍、习作范文和写作素材可以为学生提供广泛的阅读材料和写作参考，丰富他们的知识储备和写作技巧。通过接触各种不同主题、体裁和风格的文字，学生可以拓宽自己的视野，提升语言表达能力和创作能力。

有趣的写作活动可以激发学生的学习热情和写作动力。例如，学校可以组织写作比赛、创作展览等活动，给学生提供展示和分享自己作品的机会。这样的活动可以鼓励学生展现自己的才华和创造力，增强他们对语文习作的兴趣和自信心。同时，可以通过评选出最佳作品、颁发奖励等方式，激励学生更加积极地参与到写作活动中。

为了创建丰富多样的学习环境，学校可以采取以下具体做法：

首先，学校应该建设一个富有书香氛围的图书馆，提供各种类型和难度的语文书籍，包括文学经典、故事集、科普读物等。同时，还可以增设专门用于展示学生习作和作品的展览区域，让学生有机会欣赏彼此的成果，并受到启发。

其次，学校可以邀请专业人士来给学生进行讲座或写作指导。这样的活动可以使学生直接感受到写作的魅力和价值，并从专业人士身上学到更多的写作技巧和经验。同时，学校可以组织写作工作坊或分层辅导班级，根据学生的不同水平和需求，提供个性化的写作指导和辅导。

二、家庭

除了学校的积极参与，家庭也在小学语文习作教学中扮演着重要角色。以下是家庭可以采取的一些措施：

（一）营造良好的家庭阅读氛围

营造良好的家庭阅读氛围对孩子的成长和发展至关重要。家长可以采取一些措施来鼓励孩子培养阅读习惯，如定期陪伴孩子去图书馆、书店借书，或者在家里准备一些富有吸引力的读物，为孩子提供充分的阅读时间和空间。

定期带孩子去图书馆、书店借书是培养阅读习惯的重要途径之一。家长可以规定一个固定的时间，每周或每月带孩子去图书馆或书店选择心仪的图书。在这个过程中，家长可以和孩子一起探索不同的书籍类型，了解孩子的阅读偏好，并给予他们自由选择的权利。这样可以激发孩子对阅读的兴趣，让他们从小就享受阅读的乐趣。

在家里准备一些富有吸引力的读物也是非常重要的。家长可以为孩子建立一个小型图书角或书架，摆放着孩子感兴趣的故事书、绘本、科普读物等。这些书籍应该与孩子的年龄和兴趣相适应，让孩子可以自己随时拿起书来阅读。此外，家长还可以定期购买或借阅一些热门的系列图书，如"哈利·波特"系列、"小王子"系列等，这样可以为孩子提供更多选择，增加他们的阅读欲望。

家长应该给予孩子充分的阅读时间和空间。在当今快节奏的生活中，孩子可能会面临很多学业和课外活动的压力，而阅读往往被忽视。因此，家长应该合理安排孩子的日程，确保他们有足够的时间阅读。例如，在晚上睡前留出一段时间，鼓励孩子读一些喜欢的故事书；或者在周末安排专门的阅读时间，为孩子创造一个宁静的环境，让他们专心阅读。

此外，家长还可以以身作则，成为孩子阅读的榜样。如果家长自己注重阅读，并且经常向孩子展示阅读的重要性，那么孩子就更容易受到影响，形成良好的阅读习惯。家长可以在孩子面前阅读自己喜欢的书籍，或者和孩子分享自己的阅读心得和体会，这样可以增进亲子间的交流，促进家庭阅读氛围的建立。

（二）鼓励孩子写日记

鼓励孩子写日记是培养他们写作能力和表达能力的一种非常有效的方法。家长可以采取一些措施来鼓励孩子写日记，如提供写作工具、创造写作环境、给予积极的鼓励和认可。

家长可以为孩子提供写作工具，如笔和本子或电子设备等，让孩子有一个特定的地方来记录他们的日记。这可以增强孩子的写作动力，并使他们对写作产生更大的兴趣。此外，家长还可以给孩子选择一些吸引人的笔记本或日记本，让他们感到愉悦和鼓舞。

创造一个适合写作的环境也是很重要的。家长可以为孩子划定一个安静、干净、舒适的写作区域，让他们专心写日记。这个地方可以是孩子房间里的角落，也可以是家中的一个专门的书桌或写字台。确保孩子在这个环境下不会受到打扰，能够全神贯注地投入到写作中。

同时，家长也需要尊重孩子的创作，并给予积极的鼓励和认可。无论孩子写的内容是什么，家长都应该给予肯定和赞扬。可以通过夸奖他们的创意、表达方式或者保留孩子的日记并定期一起回顾阅读，让孩子感受到自己的努力被认可和欣赏。这样会激发孩子的兴趣和自信心，促进他们对写作的持续投入。

家长还可以提供一些写作的主题或提示，帮助孩子开始写作。比如，要求孩子写下一天中最开心的时刻、一个有趣的梦境、一次特殊的活动经历等。这样的写作主题可以激发孩子思考和想象力，并且给予他们一定的方向和结构，使他们更容易开始写作。

（三）提供写作支持和反馈

家长可以帮助孩子整理思路、规划文章结构，并提供一些写作技巧和建议。

1.整理思路

家长可以与孩子共同讨论作文的主题和要点，这有助于帮助孩子明确写作目标并提供指导。通过参与这个过程，家长可以激发孩子的思考能力，并帮助他们更好地组织思绪和理清逻辑。

家长可以和孩子一起探讨作文的主题。他们可以共同选择一个合适的主题，这样可以让孩子感到更有兴趣和积极性去写作。在选择主题时，家长可以给予建议和分析不同主题的优缺点，但应该尊重孩子的意见和选择权。

家长可以引导孩子列出关键词和制作思维导图。通过列出关键词，孩子可以更好地理解作文的要点，并将其组织成一个完整的结构。同时，思维导图可以帮助孩子将观点和论据之间的关系进行可视化，进一步帮助他们理清思路和逻辑。

在讨论和引导的过程中，家长应该保持耐心和鼓励。他们可以提出问题，激发孩子的思考和创造力，帮助他们深入挖掘主题，并从多个角度思考问题。此外，家长还可以分享一些写作技巧和经验，帮助孩子提高写作水平。

最后，在讨论结束后，家长可以鼓励孩子开始写作，并定期检查进展。他们可以给予肯定和建议，帮助孩子改进和完善作文。此外，家长还可以提供正确的语法和拼写指导，以确保孩子的作文质量。

2.提供写作技巧和建议

家长鼓励孩子在作文中使用丰富多样的词汇和句式，以展示他们的语言能力。可以建议孩子通过阅读来积累新的词汇和表达方式，并在写作中灵活运用。

作文应该有清晰的段落结构，每个段落都要有明确的主题和支持论据。家长可以教导孩子如何使用过渡词或短语，使得段落之间的连接更加流畅。

一个好的作文通常包含具体的细节和生动的例子，以支持观点和论据。家长可以鼓励孩子在写作中添加适当的细节和实例，使得作文更具说服力和可信度。

作文应该有清晰的逻辑和合理的结构。家长可以帮助孩子组织思路，指导他们将观点按照合理的顺序组织起来，形成连贯的文章结构。

最后，家长在给予建议时要注意鼓励和肯定孩子的努力，让他们感到自信和有动力去写作。

3.认真审阅并提出意见

家长在孩子完成写作后，应该认真审阅作文，并给予具体而宝贵的意见和改进建议。家长可以关注语法错误方面，帮助孩子找出并纠正其中的错误。例如，指出错别字、主谓不一致、时态混乱等问题，同时提供正确的用法和例句。这样可以帮助孩子在写作中提高语言表达的准确性。

家长还可以关注逻辑不清晰或观点不充分等问题。通过与孩子讨论作文内容，提出问题和挑战，帮助他们思考更加深入和全面。家长可以就论据的合理性、结构的完整性和条理性等方面给予指导。同时，鼓励孩子多思考各种可能的观点和解决方案，使其写作更加有说服力。

家长在给孩子的作文提出修改建议时要具体而明确。不仅指出问题所在，还要提供具体的修改方法和建议。例如，如果发现段落之间缺乏过渡，可以建议使用连接词、扩展句子或增加衔接段来改善文章结构。

家长还要注意鼓励和肯定孩子写作的优点和进步之处。无论是在语言表达、逻辑思维还是观点阐述方面，都要及时给予赞扬和肯定。这样可以增强孩子的自信心，激发他们对写作的兴趣和热情。

（四）与学校保持密切的沟通

家长在孩子完成写作后，除了认真审阅并给予具体的意见和改进建议外，还应与学校保持密切的沟通。这种沟通有助于家长了解孩子在语文习作方面的学习情况和进展，并能够更好地支持他们的学习。

为了与学校保持密切的沟通，家长可以参加学校组织的家长会、家长培训以及其他相关活动。这些活动提供了一个交流的平台，家长可以与教师、其他家长一起分享经验、讨论问题。通过互相交流，家长可以了解到不同孩子在习作方面的优点和困难，并从中受益。同时，家长还可以向教师咨询关于如何有效地帮助孩子提高语文习作的建议和方法。

此外，家长还可以主动与教师进行个别沟通。例如，可以定期与班主任或语文老师进行面谈，详细了解孩子在习作方面的表现和需要改进的地方。在这些交流中，家长可以向教师了解具体的评价标准和要求，以便更好地指导孩子。同时，家长也可以分享自己的观察和了解，提供有关孩子写作习惯、动机和情绪等方面的信息。这些交流将有助于家长和教师共同合作，更好地帮助孩子提高语文习作水平。

除了与学校进行正式的沟通外，家长还可以利用现代科技手段与教师保持联系。例如，可以通过电子邮件、即时通信工具或在线教育平台等与教师交流。这样可以及时解决问题、咨询建议，并更好地了解孩子在写作方面的进展。此外，也可以通过家校互动平台查看孩子的作业、批改和评价，从中获得更多有针对性的反馈意见。

第二节　家庭在提升学生写作能力中的作用

家庭在提升学生写作能力中扮演着至关重要的角色。家庭环境对于孩子的成长和学习具有深远影响，尤其是在培养孩子良好的写作能力方面。以下将从提供良好文化氛围、鼓励阅读习惯、提供支持与指导等方面来探讨家庭在提升学生写作能力中的作用。

一、良好的文化氛围

良好的文化氛围对于家庭教育和孩子的成长起着重要的作用。一个家庭若能够营造出良好的文化氛围，将使得孩子在思维、情感、行为等方面都得到积极的影响。在这种氛围下，孩子们能够更好地融入社会和学校生活，培养出健康、积极向上的人格特质。

（一）促进家庭成员间的沟通和交流

一个良好的文化氛围对于家庭成员间的沟通和交流起着重要的作用。在这样的氛围中，每个人都感受到了尊重、理解以及相互支持的态度，因此更愿意开放地表达自己的想法和感受。

在良好的文化氛围中，倾听与理解是关键。倾听是一种尊重他人的行为，通过聆听家庭成员的意见、建议和需求，我们可以表达对他们的关心和关注。在家庭中，每个成员都应该学会倾听他人的观点和体验，并给予理解和支持。当家庭成员能够真诚地倾听对方的心声，增加彼此之间的理解和尊重，沟通也将变得更加顺畅和愉快。

在良好的文化氛围中，共同话题的创造非常重要。家庭成员可以寻找一些共同的兴趣爱好或者话题，如读书、看电影、旅游等，通过这些共同的话题，可以促进家庭成员之间的交流与互动。共同参与这些活动的过程中，大家可以分享自己的感受和观点，从而增进彼此的了解和沟通。通过创造共同的话题，家庭成员之间可以建立更加紧密的联系，并且相互之间的交流会更加自然和愉快。

掌握一些有效的沟通技巧也是促进家庭成员间沟通和交流的关键。例如，学会表达自己的想法和感受时要尽量清晰明了，避免使用冲突性语言或者过于主观的评价。同时，要学会倾听和接纳他人的意见，尊重每个家庭成员的权利和选择。此外，积极回应家庭成员的情绪和需求，展示理解和支持，可以帮助促进沟通并维系良好的家庭关系。通过培养良好的沟通技巧，家庭成员之间可以更加有效地交流和理解彼此，增进亲密感和信任感。

（二）培养孩子的品德和价值观

家庭教育对于培养孩子的品德和价值观非常重要。家庭是孩子成长的第一课堂，在这里他们接触到了各种价值观念和行为模式。因此，家长应该意识到自己在孩子身上的示范作用，要给予孩子正确的引导和教育，树立正直、诚实、宽容、尊重、勤奋等良好品德的榜样。通过亲身示范、言传身教，家长能够潜移默化地影响孩子，使他们内化这些美德，并将其融入到自己的行为中。

家长可以通过积极的沟通和交流，向孩子传递正确的价值观。家庭成员之间的对话和互动是培养孩子价值观的重要途径。家长可以与孩子分享自己的价值观和信仰，解释这些价值观的重要性，引导他们思考、讨论和理解。此外，家长还可以引导孩子思考和分析不同情况下的道德问题，培养他们的判断力和责任感。

情感关怀也是培养孩子品德和价值观的重要方面。家庭成员之间应该建立亲密、温暖的关系，给予孩子充足的爱与关怀。通过关心照顾孩子的情感需求，使孩子体验到家庭成员之间的情感联系和支持，进而培养他们的善良、同情心和关爱他人的品质。同时，家长也要教育孩子学会珍惜和尊重他人的感受，培养他们的友善、包容和宽容心态，以及正确认识和处理与他人之间的冲突和矛盾。

（三）培养孩子的审美和艺术能力

家庭可以通过引导与鉴赏来培养孩子的审美能力。家长可以向孩子介绍各种优秀的文艺作品，包括经典文学、音乐作品、绘画艺术等，帮助他们接触到不同领域的艺术作品，并理解其中包含的美感和情感。家长可以与孩子一起阅读经典文学作品，听音乐会或演唱会，参观艺术展览等，从而引导他们对艺术形式的认知和欣赏。同时，家长应该给予孩子正面的评价和肯定，鼓励他们表达自己的感受和见解，培养他们对艺术的敏感度和发现美的能力。

家庭成员可以共同体验艺术活动，以提升孩子的艺术欣赏力。家庭可以共同观看电影、戏剧演出等，讨论和交流对作品的感受和理解。这样的共同体验不仅能够丰富孩子的艺术经验，还可以激发他们的想象力和创造力。通过共同参与艺术活动，家庭成员之间的互动和交流也得到了增强，加深了彼此之间的情感连接。

在家庭中开展创造性活动也是培养孩子的审美能力和艺术欣赏力的重要途径。家长可以鼓励孩子进行绘画、手工制作、写作等创作活动，为他们提供展示自己创意和想象力的机会。通过这些创作活动，孩子们能够发展自己的审美观，培养自己的艺术才能，并学会欣赏自己和他人的作品。家长可以给予孩子积极的鼓励和支持，帮助他们树立自信心和追求卓越的意识。

二、培养阅读习惯

培养阅读习惯对于孩子的成长和学习至关重要。阅读不仅是获取知识和信息的途径，还能够拓展孩子的视野，提高语言表达能力，培养批判性思维和想象力。

（一）激发阅读兴趣

激发阅读兴趣是培养孩子阅读习惯的关键。多样化的阅读材料是激发孩子阅读兴趣的重要因素。家长可以给孩子买各种类型的阅读材料，如绘本、故事书、科普读物、漫画、报纸等，根据孩子的年龄和兴趣爱好选择适合的内容。为了培养孩子的阅读兴趣，家长可以根据孩子的意愿给予一定自主选择的权利，让他们有机会发现自己喜欢的阅读材料，并激发他们的阅读热情。

家长的示范也起着重要的作用。孩子往往通过观察家长的行为来学习和模仿。因此，家长应该成为孩子的阅读榜样，通过自己经常阅读的实际行动来激发孩子的阅读兴趣。家长可以与孩子分享自己的阅读经历和感受，让他们了解到阅读的乐趣和价值。此外，家长还可以与孩子一起制订阅读计划，并亲自参与其中，与孩子共同享受阅读的过程。

（二）选择合适的阅读材料

引导选择合适的阅读材料也是培养孩子阅读习惯的重要方面。了解孩子的兴趣和能力对于选择合适的阅读材料至关重要。家长可以与孩子进行交流，了解他们喜欢的题材、故事类型以及感兴趣的领域。根据孩子的兴趣爱好，选择符合他们年龄和阅读水平的内容，这样能够更好地激发他们对阅读的兴趣和热情。此外，家长还应鼓励孩子挑战一些稍微困难的阅读材料，以提升他们的阅读能力和思维品质。

家长也可以带领孩子去图书馆，让他们亲自体验并探索不同类别的书籍。图书馆通常会根据不同年龄段的孩子设立专门的阅读区域，提供丰富多样的儿童图书，让孩子可以自主选择适合自己的阅读材料。在图书馆中，家长也可以向图书馆员咨询，获取更多关于适合孩子阅读的书籍推荐。

此外，利用科技手段也是一个很好的办法来引导孩子选择合适的阅读材料。现代科技已经提供了各种在线阅读平台和电子书资源，这为孩子提供了更广泛的阅读选择。家长可以为孩子下载一些优秀的电子书，或者探索使用在线阅读平台，让孩子在数字阅读的世界中发现自己感兴趣的内容。同时，家长也应该监督孩子的使用，确保他们阅读健康、正面的内容。

除此之外，家长的示范作用对于培养孩子阅读习惯具有重要意义。孩子往往会以家长为榜样，如果家长本身注重阅读，经常阅读书籍、报纸或其他阅读材料，孩子自然会受到影响。因此，家长应该成为孩子的阅读模范，与他们共享阅读体验，讨论所读的书籍，互相推荐好书，营造一个积极的阅读氛围。

第三节　学校与家庭合作的策略与方法

学校与家庭合作是促进学生全面发展的关键因素。下面将从建立有效沟通机制、定期家长会议、家庭作业辅导以及共同参与教育活动等方面，探讨学校与家庭合作的策略与方法。

一、建立有效沟通机制

建立有效的沟通机制对于学校和家庭之间的合作至关重要。一个良好的沟通机制可以确保信息的流动顺畅，增进双方的理解与信任，进而促进学生的全面发展。

定期沟通是建立有效沟通机制的基础。学校和家庭应该定期安排时间进行沟通，及时交流孩子在学校的学习情况、成绩、行为表现等方面的信息。一般来说，可以通过举办家长会议、开设亲师谈话时间或电话沟通等方式实现定期沟通。家长会议可以作为一个集体的平台，让学校向家长介绍学校的教育目标、政策和课程安排，并了解家长的意见和需求。亲师谈话时间则可供家长与班主任或任课老师进行一对一的交流，详细了解自己孩子的学习情况。此外，学校还可以通过电话、电子邮件等方式与家长进行沟通，及时分享学生的重要信息和事件。通过定期沟通，学校和家庭可以及时了解彼此的需求和关注点，有助于共同为学生提供更好的支持和指导。

多元化的沟通渠道也是建立有效沟通机制的重要方面。学校和家庭可以利用各种现代科技手段，如应用软件、电子邮件、短信群发等，建立实时、高效的沟通渠道。通过这些渠道，学校可以向家长传达学校的信息、通知和教育资源，并提供学生学习网上平台的使用指南。同时，家长也可以通过这些渠道向学校反馈孩子的学习情况或提出问题。此外，在学校网站或其他社交媒体平台上，学校还可以上传学生的学习成果和活动照片，让家长可以随时了解孩子在学校的学习和发展情况。通过多元化的沟通渠道，学校和家庭之间可以以更迅捷和便利的方式进行沟通，增进彼此的了解和合作。

双向反馈也是有效沟通机制的关键。在沟通过程中，学校和家庭都应该积极参与，互相倾听和尊重对方的意见。学校可以邀请家长参加教育决策的过程，征询他们的意见和建议。同时，学校还应该定期向家长反馈孩子的学习进展、行为表现和其他相关信息，让家长及时了解孩子在学校的表现。而家长也应该及时向学校反馈孩子在家庭中的情况，如家庭环境的变动、个人困扰等，以便学校能够更好地理解孩子的背景和需求，并提供相应的支持和帮助。通过双向反馈，学校和家庭可以共同协作，更好地关注和满足学生的成长需要。

二、定期家长会议

定期举行家长会议是学校与家庭合作的重要方式之一。家长会议提供了学校和家长交流、互动和合作的平台，有助于增进双方的理解和信任，促进学生的全面发展。

定期家长会议对于学校和家庭沟通与合作具有重要的意义。家长会议为学校提供了向家长介绍教育目标、政策和计划的机会，同时也是了解家长需求和关注点的窗口。通过家长会议，学校可以向家长传达学校的核心价值观，阐明教育方法和教学资源，让家长更好地了解学校的教学理念和实践。家长也可以借此机会了解学生在学校的表现、学习成绩和行为状况等信息，从而更好地与学校合作，共同关注学生的学业和全面发展。

定期家长会议的组织方式应该灵活多样。家长会议可以按年级、班级或学科进行组织，也可以根据特定的主题或问题定期召开。会议可以在学校设立的会议室、多功能厅等地点进行，为家长提供一个舒适方便的交流环境。为了确保家长会议的顺利进行，学校在组织过程中需要提前准备好相关的资料和信息，并向家长发送会议通知，确保家长获得充分的准备时间。此外，学校还可以邀请专业人士、教育专家或行业代表参与会议，给予家长专业的指导和建议，扩大家长的教育视野。

家长会议的内容可以包括学校的教育目标和政策介绍、学生学习情况的反馈、课程设置和教材使用说明、学生心理健康教育等方面。同时，学校还可以安排一些热门问题讨论、亲子活动或培训课程，以满足家长的需求和兴趣。家长会议的时间宜选择在放学后或周末，尽可能避免家长工作或其他安排的冲突。为了增加家长的参与度，学校还可以提供有偿看护服务，安排专人照料无法携带孩子参会的家长。

三、家庭作业辅导

家庭作业辅导在学生的学习过程中起着重要的作用。通过家庭作业辅导，家长可以帮助孩子理解和巩固课堂上的知识，培养良好的学习习惯和自主学习能力。

孩子在学校学习中所掌握的知识并不完全只依赖于教师的讲解，而是需要通过反复练习和应用才能真正掌握。家庭作业是一个非常好的机会，让孩子将课堂上学到的知识运用到实践中。家长可以协助孩子做作业，提供必要的指导和解答疑惑，确保孩子正确理解和应用所学知识。这样一来，孩子可以更加深入地理解课堂知识，并在实践中巩固和应用，提高学习效果。

家庭作业辅导培养了孩子的学习习惯和自主学习能力。在家庭作业的过程中，孩子需要按时完成任务并保持良好的学习纪律。家长可以帮助孩子制订合理的学习计划，提醒他们遵守学习时间和任务安排。同时，家长还可以教导孩子如何使用学习资源和工具，培养他们独立解决问题和主动学习的能力。通过家庭作业辅导，孩子逐渐形成良好的学习习惯，提高自我管理和自主学习的能力，为未来的学习和生活打下坚实的基础。

家庭作业辅导在学生的学习中发挥着重要的作用。通过家长的指导和帮助，孩子可以更好地巩固和应用课堂上的知识，培养良好的学习习惯和自主学习能力。同时，家庭作业辅导也是家长与孩子之间交流和互动的机会，通过辅导过程,家长能更好地了解孩子的学习情况和需求,并提供针对性的支持和指导。这样的互动不仅促进了学习效果的提高,也增进了家庭之间的沟通和信任。

在进行家庭作业辅导时,家长需要注意以下几点。首先,要保持积极的态度和耐心。有时孩子会遇到困难和挫折,家长应给予鼓励和支持,帮助他们克服困难。同时,要尽量避免批评和过度干预,给孩子足够的自主空间和思考时间。其次,要与孩子建立良好的沟通和合作关系。家长可以倾听孩子的想法和意见,共同制定学习目标和计划。通过与孩子一起制定规则和约定,培养他们的责任感和自律能力。最后,要关注孩子的学习动态和心理健康。如果孩子经常出现学习焦虑或厌学情绪,家长应及时与老师进行沟通,并积极寻求专业的帮助和支持。

四、共同制定规章制度

学校和家庭可以共同制定一些规章制度,以实现更有效的管理和教育。通过合作制定这些规章制度,可以提供一种统一的指导原则,既适合学校的管理需要,又能够满足家庭的实际需求。

(一)制定学生的作业时间表

学校和家庭可以合作制定学生的作业时间表,以确保学生在充足的时间内完成作业,并且避免过度负担和焦虑。作业在学生的学习中起着至关重要的作用,它帮助学生巩固知识、培养学习能力和自律性。通过合理制定作业时间表,学校和家庭可以为学生提供一个有序的学习环境,促进学生的学业发展。

制定作业时间表可以确保学生有足够的时间来完成作业。有时候,学生可能会因为各种原因而感到压力过大,如追赶进度、负担过重等。通过制定作业时间表,学校和家庭可以合理分配学生的作业量和时间,使他们能够更好地掌握作业的进度。这样一来,学生就不会因为时间紧迫而匆忙完成作业,而是可以在充足的时间内仔细思考和完成任务,从而提高学习效果。

制定作业时间表可以帮助学生良好地安排学习和休息时间。学生需要在繁重的学习任务之余也有适当的休息和娱乐时间,以保持身心健康。通过作业时间表,学校和家庭可以合理规划学生的学习时间,并且让他们在完成作业后有足够的休息时间。这种平衡的安排可以防止学生过度劳累和失去学习动力，同时也能够培养学生良好的自我管理能力。

此外，制定作业时间表还有助于学校和家庭之间的沟通和协调。学校和家庭可以共同商讨学生的作业安排，了解彼此的期望和需求。通过密切的沟通，双方可以更好地协调学生的作业要求和其他方面的需求，确保学生的学习任务得以顺利完成。这样的合作不仅能够提高学生的学习效果，也能够增进学校和家庭之间的合作与理解。

（二）制定行为准则

学校和家庭可以共同制定行为准则，以规范学生的日常行为和社交表现。行为准则对于培养学生良好的品德和道德观念至关重要。通过明确表达对学生的期望和要求，并设立相应的奖惩机制，学校和家庭可以激励学生遵守规则和展示良好的行为表现。这样的合作能够帮助学生从小就养成正确的价值观和行为习惯，发展积极向上的人格特质。

制定行为准则可以提供明确的指导和规范。在学校和家庭共同制定的行为准则中，可以明确规定学生在不同场合下应该如何表现，包括课堂纪律、礼仪规范、友善待人等方面。这样一来，学生可以清晰地知道自己的行为标准，知道如何与他人相处，建立良好的人际关系。同时，明确的行为准则还能帮助学生避免违反法律和道德的行为，保持良好的社会形象。

制定行为准则可以建立奖惩机制，激励学生遵守规则。学校和家庭可以共同设立奖励制度，鼓励学生积极表现和遵守规章制度。奖励可以是物质的，如奖状、奖品或者特殊待遇；也可以是非物质的，如赞美、认可和荣誉感。与此同时，也需设立相应的惩罚机制，对于违反规定的行为进行适当的处罚。这样的奖惩机制能够有效地引导学生形成良好的行为习惯，并且增强他们自我约束和责任意识。

此外，制定行为准则还需要学校和家庭之间的密切合作和沟通。双方需要互相了解对方的期望和需求，协商并达成一致。通过合作制定行为准则，可以促进学校和家庭之间的理解和支持，共同关注学生的行为发展。双方可以定期进行反馈和评估，及时调整和完善行为准则，以适应不同阶段学生的成长需求。

　　通过共同制定规章制度，学校和家庭之间建立了一种密切的合作关系。双方可以互相沟通和交流，了解彼此的需求和期望，共同促进学生的全面发展。学校和家庭的规章制度的一致性将为学生提供一个稳定、有序的学习和成长环境，帮助他们更好地适应社会和未来的挑战。

参考文献

[1]袁嘉卿.小学语文习作教学激励性评价的现状研究[D].上海师范大学,2023.

[2]葛艳云.小学生语文习作水平的提升方法[J].甘肃教育,2023(8):101-103.

[3]郑炳树.浅谈小学语文习作教学现状及优化建议[C]//广东教育学会.广东教育学会2022年度学术讨论会暨第十八届广东省中小学校长论坛论文选（二）.[出版者不详],2022:1269-1272.

[4]张倩.浅谈小学语文教学中激发学生习作兴趣的方法[C]//中国管理科学研究院教育科学研究所.教育教学创新理论与研究网络论坛研讨会论文集.[出版者不详],2022:674-676.

[5]潘惠明.浅谈小学语文教学中阅读理解能力的提升方法[J].试题与研究,2022(14):113-114.

[6]唐月.小学语文习作教学方法指导[J].小学生作文辅导(读写双赢),2021(2):52-53.

[7]黄瑞霞.浅谈小学语文习作教学现状及优化建议[C]//福建省商贸协会.华南教育信息化研究经验交流会2021论文汇编（十三）.[出版者不详],2021:1082-1085.

[8]刘雪琳.浅谈提升小学语文习作教学质量的策略[J].天天爱科学(教育前沿),2020(12):152.

[9]于凤.小学语文习作教学存在的问题及对策[J].天津教育,2020(30):153-154.

[10]李艳玲.小学语文习作教学的思考与探索[C]//教育部基础教育课程改革研究中心.2020年"区域优质教育资源的整合研究"研讨会论文集.[出版者不详],2020:45-46.

[11]李红梅.小学语文习作教学策略探究[J].考试周刊,2020(82):31-32.

[12]金素荣.如何提升小学习作教学的有效性[J].语文教学与研究,2020(8):30-32.

[13]达选亿.小学语文习作教学方法策略研究[J].课程教育研究,2020(9):93.

[14]姜巍.小学语文习作教学现状研究及方法[J].科幻画报,2020(1):94.

[15]尤洋.小学语文习作教学中思维导图的应用方法[J].散文百家,2019(12):65.

[16]陈春苗.提高小学习作教学有效性的策略[J].教师,2019(34):39-40.

[17]蔡琬菁.小学语文观察习作教学方法新探[J].基础教育论坛,2019(34):23-24.

[18]贺多鑫.小学生习作教学存在问题及对策研究[J].学周刊,2019(30):128.

[19]董树朋.小学语文习作教学现状研究及策略分析[J].知识文库,2019(9):90.

[20]张冬燕.小学语文习作教学方法策略研究[J].课程教育研究,2019(17):95-96.

[21]毛荣生.小学语文习作教学的基本方法[J].吉林教育,2018(36):68.

[22]陈海燕.小学语文自学能力的提升与教学方法探索[J].吉林教育,2017(40):87.

[23]芮克飞.关于小学语文习作的教学针对性方法[J].学子(理论版),2016(7):47.

[24]张南希.小学语文习作教学的问题研究[D].东北师范大学,2011.